Lieblingsplätze

FÜNFSEENLAND

GMEINER

HEIDE MARIE KARIN GEISS

Autor und Verlag haben alle Informationen geprüft. Gleichwohl wissen wir, dass sich Gegebenheiten im Verlauf der Zeit ändern, daher erfolgen alle Angaben ohne Gewähr. Sollten Sie Feedback haben, bitte schreiben Sie uns! Über Ihre Rückmeldung zum Buch freuen sich Autor und Verlag: lieblingsplaetze@gmeiner-verlag.de

Alle Fotos stammen von der Autorin Heide Marie Karin Geiss.

QR-Code einscannen und kostenloses E-Book anfordern.

Besuchen Sie uns im Internet:
www.gmeiner-verlag.de

1., überarbeitete Neuauflage 2022

Im Ehnried 5, 88605 Meßkirch
Telefon 07575/2095-0
info@gmeiner-verlag.de

Lektorat/Redaktion: Isabell Michelberger
Herstellung: Julia Franze
Bildbearbeitung/Umschlaggestaltung: Susanne Lutz
unter Verwendung der Illustrationen von © SimpleLine – stock.adobe.com; © barneyboogles – stock.adobe.com; © SimpleLine – stock.adobe.com; © natbasil – stock.adobe.com; © vecti – stock.adobe.com; © wongsalam77 – stock.adobe.com; © Katrin Lahmer; © Benjamin Arnold; © Susanne Lutz
Kartendesign: © Maps4News.com/HERE
Druck: AZ Druck und Datentechnik GmbH, Kempten
Printed in Germany
ISBN 978-3-8392-0155-8

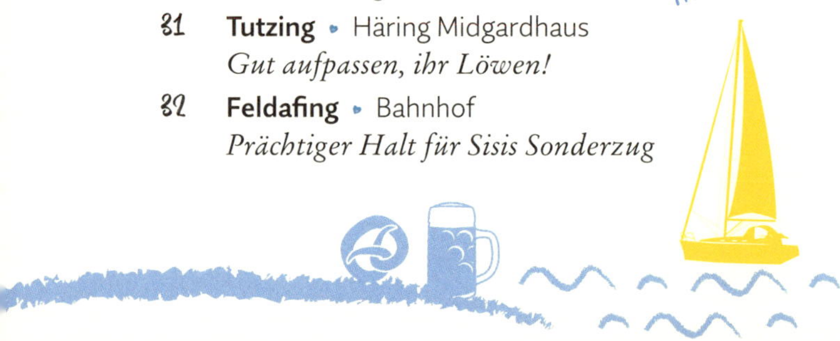

1

Planetenweg Starnberg
Start: Bürgerpark Schiffswiesen
Dampfschiffstraße 5
82319 Starnberg
www.qrding.de

Tourist-Information Starnberg
Hauptstraße 1
82319 Starnberg
08151 90600
www.sta5.de

IN 30 MINUTEN DURCHS SONNENSYSTEM

Planetenweg Starnberg

Wer nach den Sternen greifen will, hat auf dem 2017 eröffneten Planetenweg Starnberg Gelegenheit dazu. Der interessante, rund zwei Kilometer lange Spaziergang am See beginnt im 2016 eröffneten Bürgerpark Schiffswiesen. Ebenso aufregend wie die Entdeckung von Sonne und Planeten gestaltete sich die Entstehung dieses ungewöhnlichen Vorhabens.

15 Schülerinnen und Schüler der Oberstufe des Gymnasiums Starnberg hatten zusammen mit ihrem Physiklehrer 2016 die Idee hierzu. Allerdings mussten vor dem Start im Herbst des gleichen Jahres noch Stadt und Landrat dem Vorhaben zustimmen. Die Bürgermeisterin ließ rasch ein Spendenkonto einrichten, denn nach ihrer Meinung böte der Planetenweg eine interessante Erweiterung des touristischen Angebots für Stadt und Region. Rund 15.000 Euro Kosten veranschlagten die Schüler für das Projekt. Die Sponsorensuche war nach weniger als einem Jahr abgeschlossen.

Wesentlich schwieriger zu klären war die Frage, in welchem Maßstab die Planeten dargestellt werden sollten. Die Lösung: Bei einem Maßstab von 1 zu 2,25 Milliarden befindet sich das letzte der zehn Objekte zwei Kilometer entfernt vom ersten. Diesem Maßstab entsprechend besitzt die Sonne einen Durchmesser von stolzen vier Metern. Damit sie nicht so gigantisch die Umgebung dominiert und statische Probleme mit sich bringt, ist sie als Halbkreis mit einem Durchmesser von »nur« zwei Metern abgebildet.

Die Planeten schweben auf 1,70 Meter hohen Stahlstelen in modernem Design. An den Vorderseiten sind Infotafeln angebracht. Dank QR-Codes können weitere Bilder und Informationen abgerufen und an einem Rätselspiel teilgenommen werden.

Der unterhaltsame Weg mit einer reinen Gehzeit von rund 30 Minuten führt immer entlang des Seeufers bis zum Neptun, der letzten Station nahe dem Pelletweg.

Zwei Starnberger Eisverrückte bieten in ihrer Eisdiele Eiswerkstatt am Kirchplatz (Wittelsbacherstraße 9) bis zu 20 Sorten Eis an. 100 Prozent natürliche Zutaten und selbst hergestellt – man schmeckt's!

2

Museum Starnberger See
Possenhofener Straße 5
82319 Starnberg
08151 4477570
www.museum-starnberger-see.de

Bootsverleih Peter Schropp
Seepromenade, Bootshaus 4
82319 Starnberg
08151 16252
www.bootsverleih-starnberg.de

UNTER ZWEI DÄCHERN

Museum Starnberger See

Das Museum Starnberger See besteht tatsächlich aus zwei Gebäuden: das unter Denkmalschutz stehende sogenannte Lochmannhaus nahe der Bahntrasse Starnberg-Tutzing und der moderne 2008 eröffnete Museumsbau an der Possenhofener Straße, das *Neue Haus.* Beide Museen erzählen von der ganz unterschiedlichen Nutzung des Starnberger Sees im Laufe vieler Jahrhunderte.

Allein schon das um 1520 errichtete Lochmannhaus ist ein Museum. Das Bauernhaus, ältester Holzblockbau der Region, wurde von Münchner Patriziern als Landsitz für die Sommermonate erbaut. Die gotische Stube im oberen Geschoss weist heute noch die Originalvertäfelung aus dem frühen 18. Jahrhundert auf. Im Untergeschoss befindet sich die ehemalige Küche mit gemauerter Kochstelle. Noch bis zum Jahr 1911 war das historische Gebäude bewohnt.

1913 schlossen sich engagierte Bürger zum *Museumsverein für den Würmseegau, Verein für Volkstum und Heimat,* zusammen mit dem Ziel, ein Heimatmuseum zu gründen. Bis 1962 hieß der Starnberger See noch Würmsee. Am 9. Juli 1914 konnte das Museum im Lochmannhaus eröffnet werden. Sogar König Ludwig III. erschien zur Eröffnungsfeier.

In den drei Ausstellungsräumen zählt die wertvolle *Starnberger Heilige* (1755) von Franz Ignaz Günther (1725–1775), Bildhauer und Vertreter des bayerischen Rokokos, zu den absoluten Highlights. Die 1,80 Meter große Heiligenfigur mit ihrem schönen, vom Schmerz gezeichneten Gesicht zeigt vermutlich Maria Magdalena. Weitere Sehenswürdigkeit sind das Modell des Prachtschiffs Buzentaur, auf dem bayerische Herrscher legendäre Seefeste feierten, und das sieben Meter lange Ruderboot Delphin, das 1835 für König Ludwig I. gebaut wurde. Beide sind im *Neuen Haus* zu finden, neben weiteren Zeitzeugen der Wittelsbacher Lustschifffahrt.

Die Elektro-Ruder- und Tretboote vom Schiffsverleih Schropp sind keine höfischen Prachtschiffe. Aber es macht Spaß, den See aus einer anderen Perspektive zu erleben!

8

Friedhof an der Hanefelder Straße
Hanefelder Straße 46
82319 Starnberg

Gasthaus Zur Sonne – Metzgerei Scholler
Hanfelder Straße 7
82319 Starnberg
08151 2060
www.scholler-starnberg.de

Die ganze Welt ist Bühne

Friedhof an der Hanefelder Straße

Nähert man sich Starnberg – sei es gemütlich mit dem Dampfer oder schnell mit dem Auto –, grüßt von Weitem schon die denkmalgeschützte einschiffige Kirche St. Josef (1764–70). Das Rokoko-Gotteshaus zeigt sich mit dem klassischen bayerischen Doppelzwiebeldach. Das sehenswürdige Innere des Gebäudes präsentiert üppige Ausstattung, beispielsweise Stuckaturen des berühmten Stuckateurs Franz Xaver Feuchtmayer d.J. aus der genauso bekannten Wessobrunner Schule. Zu der Kirche gehört eine ebenfalls sehenswerte Friedhofsanlage, die aus dem späten 19. Jahrhundert stammt. Im Unterschied zu anderen Gottesäckern dieser Größenordnung sind auf dem Friedhof an der Hanefelder Straße die Gräber nicht nummeriert, obwohl etliche Berühmtheiten auf diesem Gottesacker ihre letzte Ruhestätte fanden.

Zu den bekannten Persönlichkeiten zählt der bedeutende Regisseur, Schriftsteller und Theaterleiter Otto Falckenberg (1873–1947). »Die ganze Welt ist Bühne und alle Fraun und Männer blosse Spieler« steht auf seinem Grabstein. Falckenberg, Sohn eines Hofmusikalienhändlers, war im Jahr 1900 Mitbegründer des *Goethe-Bundes* und 1901 des literarischen Kabaretts *Die Elf Scharfrichter*. Von 1917 bis 1944 war er Direktor und künstlerischer Leiter der *Münchner Kammerspiele.* Schauspieler wie Heinz Rühmann, Therese Giese oder Elisabeth Flickenschildt verdanken ihm ihre Entdeckung. In Erinnerung an den großen Meister wurde die den Kammerspielen angeschlossene Schauspielschule in Otto-Falckenberg-Schule umgetauft. Sie ist eine der renommierten Fachakademien für Darstellende Kunst.

Auch der Dramatiker, Journalist und Erzähler Georg Queri (1879–1919) sowie der Schriftsteller Gustav Meyring (1868–1932), die Beiträge für den *Simplicissimus* schrieben, sind hier begraben.

In der Haneberger Straße finden Sie das *Gasthaus zur Sonne* mit bayerischer Küche. Die angeschlossene Metzgerei (mit Imbisstheke) wurde mehrfach prämiert.

4

Schloss Starnberg
Schlossbergstraße 12
82319 Starnberg
www.starnbergersee.de

Buchhandlung Bücherjolle
Kirchplatz 3
82319 Starnberg
08151 12828
https://buecherjolle-shop.buchkatalog.de
www.starnberger-hefte.de

Behörde in herrschaftlichen Gemäuern

Schloss Starnberg

Wer die Autobahn von München kommend bergab nach Starnberg fährt, sieht schon von Weitem das Schloss Starnberg, eines der ältesten Schlösser der Fünfseenregion. Wann genau die einst mächtige Burganlage auf einem lang gestreckten Bergzug erbaut wurde, lässt sich nicht mehr exakt datieren, vermutlich im 11. Jahrhundert. 1244 wurde die Burg erstmals unter dem Namen *Starnberch castrum* erwähnt.

Dem Grafen von Andechs diente sie als Verteidigungsburg gegen die nahe gelegene Karlsburg der Wittelsbacher im Würmtal bei Leutstetten. Von der Karlsburg ist heute nur noch der Burgstall erhalten. Nach dem Tod des letzten Andechsers im Jahr 1248 verleibten sich die Wittelsbacher dessen Burg ein. Als das Gebäude seine militärische Bedeutung verloren hatte, diente es als Sommerwohnsitz.

Im 15. Jahrhundert baute man die Burg in ein komfortables Schloss um – ganz im Stil der damals so beliebten Renaissance. Das Gemälde aus dem Jahr 1541 an der Außenmauer der Schlossfassade erzählt von dieser Zeit. 1643 zerstörten die Schweden große Teile des Schlosses. 1734 vernichtete ein Brand die inzwischen barocken Mauern. Was das Feuer übriggelassen hatte, verfiel zusehends im Laufe der Jahre. Ab 1803 bezogen Rent- und Forstamt das Schloss.

Nach einer umfassenden Restaurierung zog das Finanzamt in die historischen Gemäuer ein. Im 2001 umgebauten historischen Säulensaal befindet sich das Servicezentrum der Behörde. Ein tiefer Graben, über den sich eine dreibogige Brücke spannt, trennt die frei zugängliche Gartenanlage, die einstige Vorburg, von der Hauptburg. Der Lustgarten wurde 1764 in einen Nutzgarten mit Obst und Gemüse umgewandelt. 1979 erhielt die Gartenanlage mit traumhaftem Ausblick auf den See und die komplette Alpenkette ihren barocken Charakter wieder.

Die Literaturzeitschrift *Starnberger Hefte* ist aus einem Literaturzirkel am Gymnasium des Ortes hervorgegangen; zu beziehen in der Starnberger Buchhandlung Bücherjolle.

5

Kirche St. Alto
Altostraße 7A
82319 Starnberg-
Leutstetten

EIN TRIO – KELTISCH ODER CHRISTLICH?

Kirche St. Alto in Leutstetten

Leutstetten nördlich von Starnberg ist vielen Ausflüglern vor allem wegen seiner Schlossgaststätte und dem herrlichen Biergarten bekannt. Die Wirtschaft ist Eigentum von Luitpold Prinz von Bayern, der im nahen Schloss Leutstetten 1951 geboren wurde und Urenkel des letzten Königs von Bayern, Ludwig III., ist. Prinzessin Elisabeth, die spätere Kaiserin von Österreich, gastierte ab und zu in dem im Stil der Renaissance erbauten Gebäude. Unmittelbar neben der Gastwirtschaft steht die kleine Kirche St. Alto, die mit zwei Besonderheiten aufwartet!

An der südlichen Kirchenwand unter der Westempore fällt eine Holztafel aus dem Jahr 1643 auf. Zu sehen sind die drei Bethen, eine christliche Dreiergruppe, bestehend aus den Heiligen Einbeth, Warbeth und Wilbeth. Die Damen stehen vermutlich in engem Zusammenhang mit den drei heidnischen heiligen Schwestern Ainpet, Gberpet und Firpet, deren Geschichte bis hin zu den keltischen Göttinnen zurückreicht. Das Trio soll Familien beschützen, bei Geburten helfen und den Kindersegen fördern.

Das zweite Highlight in dem Gotteshaus ist ein alter, römischer Grabstein, der unter dem Seitenaltar eingemauert wurde. Darauf findet sich der Lebenslauf des vermutlichen Besitzers des römischen Gutshofes im Leutstettener Moos nahe Leutstetten. Herr Pintamus, ein Veteran der römischen Armee, stammte aus Braga in Nordportugal. Er machte im Militär Karriere und wählte zusammen mit seiner Frau den Gutshof als Altersruhesitz.

Woher man das alles weiß? Anfang 2002 stieß man auf Reste einer Villa Rustica aus dem 2. Jahrhundert n. Chr., die nur etwa 50 Jahre existierte. Zu den zahlreichen Fundstücken zählte der besagte Grabstein, der vermutlich von der Gattin nach dem Tod ihres Gatten in Auftrag gegeben wurde.

Esoterisch interessierte Wanderer suchen die Bethenquelle auf, die nahe dem Leutstettener Kirchlein sprudelt. Das Quellwasser soll bei Augenleiden und Gedächtnisschwäche helfen.

6

Votivkapelle St. Ludwig
Im Schlosspark Berg nahe
König-Ludwig-Weg
82335 Berg
www.vereinigung-ludwig-ii-deine-treuen.de

Gasthaus »Alter Wirt«
Wolfratshauserstraße 7
82335 Berg-Höhenrain
08171 18172
www.alter-wirt-hoehenrain.de

EHRENSALUT FÜR DEN MÄRCHENKÖNIG

Votivkapelle St. Ludwig

Das Leben von König Ludwig II. Otto Friedrich Wilhelm von Wittelsbach (1845–1886) endete nahe Schloss Berg am 13. Juni 1886 tragisch im Starnberger See. An diesem Tag unternahm der König, der bis heute in Bayern viele Anhänger hat, kurz nach 18 Uhr einen Spaziergang am See, zusammen mit seinem Arzt Dr. von Gudden. Als beide um 20 Uhr nicht zum Abendessen zurückgekehrt waren, machte sich ein Suchtrupp auf den Weg. Gegen 22.30 Uhr fand man die Leichen des Königs und Dr. von Guddens im seichten Wasser des Seeufers.

Noch immer ranken sich zahlreiche Verschwörungstheorien um die Todesursache des Monarchen, die bis heute nicht eindeutig geklärt ist. Ein Jahr nach dem tragischen Tod des Märchenkönigs ließ seine Mutter, Königin Marie, eine sieben Meter hohe, gotische Totenleuchte oberhalb der offiziellen Todesstelle errichten.

Nachdem der Ruf nach einer Gedenkstätte für Ludwig II. immer lauter geworden war, begannen 1896 im Park von Schloss Berg die Arbeiten zum Bau einer Gedächtniskirche. Der imposante achteckige Bau wurde innerhalb von vier Jahren im frühgotischen Stil aus Sandstein errichtet. Die beiden Freitreppen lassen das Kirchlein wie ein Monument erscheinen. In seiner Kuppel versteckt sich ein zauberhaftes Fresko mit dunkelblauem Sternenhimmel.

Alljährlich findet am Sonntag nach dem 13. Juni eine Gedenkmesse in dem kleinen Gotteshaus statt, bei der stets ein Vertreter des Hauses Wittelsbach anwesend ist. Darüber hinaus erweisen etliche Fahnenabordnungen, die *Chevaulegers*, Reiter des 4. Königlich Bayerischen Regiments in historischen Uniformen, Ehrengäste der *Vereinigung Ludwig II. – Deine Treuen* und Blasmusikanten dem König die Ehre. Zum Abschluss der Feierlichkeiten wird lautstarkes Ehrensalut abgefeuert – in stillem Gedenken an den *Kini.*

Im gemütlichen Gasthof »Alter Wirt« mit herrlichem Biergarten genießt man traditionelle bayerische Küche.

7

Bismarckturm
kurz nach Assenhausen (Richtung Allmannshausen) von der Berger Straße rechts in die Dürrbergstraße abbiegen und dem beschilderten Weg folgen
82335 Berg-Leoni (Assenhausen)
www.starnbergersee.de

Müllers auf der Lüften
Jägerberg 20
82335 Berg-Farchach
08151 4443666
www.muellers-aufderlueften.de

Monumentale Kunst mit Panoramablick

Bismarckturm in Leoni

Auf einer Anhöhe über dem Starnberger See nahe dem Berger Ortsteil Leoni thront der Bismarckturm. Dieses monumentale Denkmal ist dem Reichskanzler Otto Fürst von Bismarck (1815–1898) gewidmet. Von hier aus genießt man einen schönen Blick auf Teile des Sees und die Alpenkette. Besonders bei Föhn erscheinen die unzähligen Bergspitzen zum Greifen nahe.

Doch warum errichteten die Bayern auf diesem genialen Aussichtsplatz dem preußischen Politiker einen 30 Meter hohen, klotzigen Turm? Bayern trat als letzter süddeutscher Staat dem Deutschen Reich bei – der geschickten Verhandlungstaktik von Bismarck sei Dank!

Angeregt wurde der Turmbau von dem Münchner »Malerfürst«, dem berühmten Franz von Lenbach (1836–1904), der den Politiker mehrmals porträtierte. Die 1890 gegründete *Vereinigung zur Ehrung Seiner Durchlaucht des Fürsten Bismarck* beschloss den Bau des Turmes auf dem 1894 erworbenen Panoramaberg. Am 25. April 1896 wurde der Architekt Theodor Fischer, der sich in zwei Wettbewerben als Sieger durchgesetzt hatte, mit der Realisierung seines Entwurfs beauftragt.

1899 war der mehrstufige Turm aus Kalk- und Tuffstein mit umlaufender großer Wandelhalle vollendet. Da es sich um einen Ehrenturm handeln sollte, konnte man auf den ursprünglich vorgesehenen Aussichtsturm verzichten. Hierdurch reduzierten sich die veranschlagten Baukosten von 300.000 Mark auf 190.000 Mark.

Zur feierlichen Einweihung am 1.7.1899 erschienen mehr als 1.600 geladene Gäste aus Politik, Kunst und Kultur. Die Seitenflächen des Turmes zieren zahlreiche Reliefs, die im Zusammenhang mit der deutschen Geschichte stehen. *In trinitate robur* (In der Dreiheit liegt die Kraft), der Wahlspruch des *Eisernen Kanzlers,* ist auch heute noch unter dem Reichsadler mit Bismarck-Wappen an der Südseite des Turmes zu lesen.

Das Wirtshaus *Müllers auf der Lüften* bietet solide Hausmannskost (Soljanka probieren!) und zwei Kegelbahnen.

8

Wallfahrtskirche Mariä Himmelfahrt
Marienplatz 3
82335 Berg-Aufkirchen
08151 9987980
www.pfarrgemeinde-aufkirchen.de

Landgasthof Die Post
Marienplatz 2
82335 Berg am Starnberger See
08151 446120
www.post-aufkirchen.de

BESUCH BEI DER MUTTER AUF DER ANHÖHE

Wallfahrtskirche Mariä Himmelfahrt in Aufkirchen

Der kleine Ort Aufkirchen existiert bereits seit dem Ende des 10. Jahrhunderts. Sein Name bedeutet nichts anderes als *Kirche auf einer Anhöhe* und bezeichnet damit treffend seine Lage auf einem lang gezogenen höheren Moränenhügel. Auch die einschiffige Wallfahrtskirche Mariä Himmelfahrt thront 680 Meter ü.d.M. und grüßt daher schon von Weitem die Gläubigen.

Das spätgotische Gotteshaus stammt aus dem 15. Jahrhundert. Bereits im Mittelalter entwickelte es sich zu einem derartig beliebten Wallfahrtsort, sodass 1499 ein Neubau errichtet werden musste, um den Gläubigen genügend Platz zu bieten. Wegen ihrer immensen Beliebtheit wurde die Wallfahrtskirche um 1720/30 in den Zyklus der 13 bedeutendsten bayerischen Marien-Wallfahrtsorte aufgenommen. Für die Pilger, die mit dem Schiff anreisten, entstand 1857 von Leoni nach Aufkirchen ein Kreuzweg mit 14 Stationen.

Bedingt durch ihre exponierte Lage war die Kirche ständig Naturgewalten ausgesetzt. Im Laufe der Geschichte des Gotteshauses mussten oft umfangreiche Reparaturen ausgeführt werden. Im Jahr 1734 schlug beispielsweise ein Blitz nahe des Kirchturms ein, der anschließend bis auf die Grundmauern niederbrannte. Der heutige Turm mit seiner charakteristischen Haube (1795/96) stammt von dem Stadtbaumeister und Mönch Matthias Widmann. Im 19. Jahrhundert wurde ein neues Pfarrhaus errichtet.

Der alte Pfarrhof dient seit dem 18.9.1896 als Kloster der Unbeschuhten Karmelitinnen, ein in strenger Klausur lebender Orden. Nach wie vor ist die hübsche Wallfahrtskirche Ziel vieler Gläubiger. Bei der jährlichen feierlichen Hauptwallfahrt am 15. August pilgern mehr als 1.000 Gläubige zur *Mutter von Aufkirchen*, wie das Gotteshaus genannt wird.

Der geschichtsträchtige Landgasthof *Die Post* bietet gute bayerische Küche unter Verwendung vorwiegend regionaler Zutaten. Übrigens auch für Nicht-Wallfahrer!

9

Oskar-Maria-Graf-Denkmal
Schulplatz
82335 Berg-Aufkirchen

Manthaler
Manthalstraße 1
82335 Berg-Manthal
08151 5566391
www.manthaler.de

EIN BAYER MIT LEDERHOSE IN NEW YORK

Oskar-Maria-Graf-Denkmal in Aufkirchen

Der Schriftsteller Oskar Maria Graf (1894–1967) soll kantig, eckig, aber immer selbstironisch gewesen sein. Der rebellische Zeitgenosse tauchte tief in die bayerische Seele ein, zeigte sich aber auch gerne politisch. Beispielsweise empörte sich der Bajuwaren-Dichter am 12. Mai 1933 in der Wiener Arbeiter-Zeitung darüber, dass seine Bücher nicht von den Nazis verbrannt wurden. »Verbrennt mich!«, forderte er in dem Artikel, damit »meine Bücher nicht in die blutigen Hände und die verdorbenen Hirne der braunen Mordbande gelangen.«

Nach seiner Flucht vor den Nazis ins Exil nach New York soll Graf nur noch in Lederhose gesehen worden sein. Das bayerische Outfit soll ihm auch geholfen haben, sein starkes Heimweh zu lindern.

Der Durchbruch als Schriftsteller gelang ihm 1927 mit seinem autobiografischen Roman *Wir sind Gefangene*. Beschrieben wird das Leben in einem Dorf, seinem Heimatort Berg nicht ganz unähnlich. In seinem Roman *Das Leben meiner Mutter* – nach seinen Angaben sein wichtigstes Buch – schildert er einige Bewohner Bergs mit ihren Eigenheiten. Dies brachte ihm damals nicht nur Freunde ein. »Nestbeschmutzer« gehörte noch zu den harmlosesten Beschimpfungen.

Die Bayern, jedenfalls die meisten, haben ihm verziehen und gedenken seiner mit dem Bronzedenkmal (1994). Es wurde zu seinem 100. Geburtstag am Ortseingang von Aufkirchen, nahe der Alten Schule, eingeweiht und zeigt den bayerischen Dichter in Lebensgröße, gekleidet in einer kurzen Lederhose und Trachtenjanker, auf einem Koffer sitzend.

Diesen Oskar Maria Graf aus Bronze schuf der 1956 in Straubing geborene Bildhauer Max Wagner, der seit 1989 Mitglied der Münchner Secession ist. Von Wagner, der in Starnberg lebt und arbeitet, stammt auch die Büste des Schriftstellers, die vor dem Oskar-Maria-Graf-Gymnasium in Neufahrn bei München steht.

Im Manthaler, einer familiär geführten Wirtschaft mit Biergarten, werden Spezialitäten vorwiegend aus der bayerischen und schweizerischen Küche angeboten.

10

Székler-Tor
Seeuferstraße 25
82541 Münsing

Schlossgut Oberambach
Biohotel & Vitalzentrum
Oberambach 1
82541 Münsing
08177 9323
www.schlossgut.de

ZU GAST BEI BIENE MAJA

Székler-Tor

Sehr schön bunt ist es: das zauberhafte, unter Denkmalschutz stehende Holztor, das Ungarische Tor oder auch Székler-Tor genannt. Diese Art von Toren stammt ursprünglich von einer ungarischen Volksgruppe aus dem rumänischen Siebenbürgen, die den Székler-Dialekt spricht. Die Angehörigen dieser Volksgruppe nennt man die Székler. Bei ihnen symbolisiert das Haustor den Übergang von der äußeren Welt in das vertraute Zuhause. Alles Böse wird durch das Tor abgewehrt und dringt nicht in das Heim.

Das Székler-Tor in der Seeuferstraße gehört zur Villa des weltoffenen reiselustigen Schriftstellers Waldemar Bonsels (1880–1952). Der Autor erschuf beispielsweise die berühmte Biene Maya. Das Buch »Die Biene Maja und ihre Abenteuer« aus dem Jahr 1912 mit den lustigen Geschichten der umtriebigen Biene und ihrem Freund Willi ist bis heute ein Kinderbuchklassiker, wurde in über 40 Sprachen übersetzt und später verfilmt. Die Story entstand jedoch nicht am Starnberger See, sondern in Bonsels' vorherigem Zuhause in Oberschleißheim. Weitere Bienen-Abenteuer erschienen 1915 mit dem Buch »Himmelsvolk. Ein Märchen von Blumen, Tieren und Gott« – wieder ein Bestseller.

Durch die Veröffentlichungen wurde Bonsels so vermögend, dass er sich 1919 die 1885/86 erbaute traumhafte Villa unterhalb von Ambach leisten konnte. Hier lebte er mit seiner Frau bis 1952. Der frühere Eigentümer, der ungarische Maler und Direktor der Akademie der Bildenden Künste in München, Gyula Benczúr (1844–1920), ließ das Székler-Tor aufstellen. Das hölzerne Kunstobjekt mit floralen Schnitzereien hatte Béla von Benczúr 1894 entworfen als Geschenk für den Bruder Gyula.

Über dem Durchgang steht geschrieben: »Wenn Du Gott und Deine Heimat liebst, magst Du eintreten. Mit tückischer Seele jedoch sollst Du draußen bleiben.«

Das edle Restaurant im nahen Bio-Hotel Schlossgut Oberambach bietet hochwertige und regionale Speisen in gepflegtem Ambiente. Gemüse und Kräuter stammen aus eigenem Anbau.

11

Gasthaus Zum Fischmeister
Seeuferstraße 31
82541 Münsing-Ambach
08177 533
www.zumfischmeister.com

Golfanlage Bergkramerhof
Bergkramerhof 1
82515 Wolfratshausen
08171 41910
www.gc-bergkramerhof.de

BESTENS SPEISEN MIT SEEBLICK

Gasthaus Zum Fischmeister in Ambach

Der Gasthof Zum Fischmeister liegt praktischerweise direkt am Schiffssteg in Ambach. Daher empfiehlt es sich im Sommer, stilvoll mit dem Dampfer anzureisen. Mit dem Auto kann der Genusstempel nicht erreicht werden. Deshalb den PKW ein Stück entfernt, höher parken und die letzten paar Meter zu Fuß gehen. Das schöne historische Gebäude beherbergt seit rund 150 Jahren eine Wirtschaft.

Früher logierte in diesem Haus der Fischmeister, Namensgeber des heutigen Lokals. Damals mussten die 99 Fischer am See ihren kompletten Fang bei einem der beiden Fischmeister abgeben. Diese Beamten der Herzöge beziehungsweise des Königs leiteten jeden Freitagmorgen den Fang anschließend an die herzoglichen und königlichen Küchen weiter. Wurde von dort kein Bedarf mehr signalisiert, durften die Fischer ihren übrigen Fang verkaufen. Einen Teil des Erlöses ließen sie danach gleich im Gasthaus. Sicherlich saß man damals schon in dem herrlich gelegenen Biergarten und genoss – so wie die heutigen Sonnenanbeter – den unvergleichlich schönen Blick auf den See.

Im Sommer trifft man im Gasthaus Zum Fischmeister gerne auf Münchner Prominenz, was wohl etwas damit zu tun hat, dass das Haus dem Schauspieler und Schriftsteller Josef Bierbichler gehört, der auch darin wohnt. Der 1948 in Ambach geborene Bierbichler, *Sepp* genannt, gründete 1976 mit dem Regisseur und Dramatiker Herbert Achternbusch im Anwesen eine Künstler-Wohngemeinschaft, zu der auch seine Schwester Annamirl Bierbichler gehörte.

Das beliebte Ausflugsziel offeriert vorwiegend traditionelle bayerische Küche, modern interpretiert. Es wird viel Wert auf gute Produkte aus der nahen Umgebung gelegt. Beispielsweise stammt das Fleisch aus ökologischer Haltung in Eurasburg, die Demeter-Eier kommen aus Münsing und die Forellen aus einer Fischzucht an der Isar.

Der Golfclub Bergkramer Hof bei Münsing bietet von Mai bis Oktober Golf-Schnupperkurse an. Traumhafter Alpenblick inklusive! Eine gute Gelegenheit, den Sport auszuprobieren!

12

Töpferei Corinna Post
In der Alten Schmiede
St. Heinricher Straße 5
82541 Münsing-
Holzhausen
08177 997900
www.toepferei-
corinna-post.de

Café Waldhauser
Brunnenstraße 28a
82541 Holzhausen
am Starnberger See
08177 926757
www.cafe-waldhauser.de

Alte Schmiede als kreativer Ort

Töpferei Corinna Post in Holzhausen

Holzhausen, ein ausgesprochen malerisch gelegener Ort, erhebt sich über dem Ostufer des Starnberger Sees vor beeindruckender Alpenkette. Wen wundert's, dass er zahlreiche Kunstschaffende in seinen Bann zieht und deshalb zu Recht auch »Kunstdorf« genannt wird. So hat beispielsweise die Gefäßkeramikerin Corinna Post, die aus Düsseldorf stammt, hier Wurzeln geschlagen. Wenn der Vater Künstler und Kunstlehrer, die Mutter Keramikerin und der ehemalige Lebensgefährte und Vater ihrer beiden Kinder Bildhauer ist, hat Corinna bei den Vorgaben fast keine andere Wahl, als sich auch der schönen Künste zu widmen. Gesagt – getan!

Nachdem sie in mehrere unterschiedliche Töpferwerkstätten reingeschnuppert hatte, beschloss Corinna Post, das Handwerk von Grund auf zu lernen und schloss eine Töpferlehre ab. Daran schloss sich ein Studium an der renommierten Akademie der Bildenden Künste in München an. Als Spezialgebiet wählte Corinna natürlich Keramik. Später kam die Bildhauerei dazu. 1996 machte sie sich als freiberufliche Künstlerin selbstständig.

Seit 2003 fertigt Corinna Post in der Alten Schmiede hauptsächlich Gebrauchskeramik. Dabei ist es ihr ein Anliegen, Schönheit mit Zweckmäßigkeit geschickt zu verbinden. Denn was nützt ein Gefäß, das zwar hübsch anzuschauen ist, aber in der Praxis nicht funktioniert.

Ihr Fachwissen und ihre langjährige Berufserfahrung gibt Corinna gerne in ihren Töpferkursen für Kinder und Erwachsene weiter. Gearbeitet wird nicht auf der Scheibe, sondern frei. »Holzhauser stellen aus« heißt eine Initiative, die sie mit ins Leben gerufen hat. Alle zwei Jahre im Sommer öffnen mehr als 20 Werkstätten, Höfe und Ateliers in Holzhausen ihre Türen und präsentieren das komplette, kreative Potenzial des Ortes.

Das Café Waldhauser in der Brunnenstraße 28a lädt im familieneigenen Waldhauser Hof zu hausgemachten Kuchen und Torten ein. Der Bio-Apfelsaft stammt von den Streuobstwiesen.

13

Gasthaus und Metzgerei Zum Altwirt
Hauptstraße 2
82541 Münsing
08177 242
www.altwirt-muensing.de

Bäckerei Graf
Ammerlander Hauptstraße 15
82541 Münsing

TRADITIONELL UND MIT VIEL GESCHMACK

Gasthaus und Metzgerei *Zum Altwirt*

Zum intakten dörflichen Ensemble von Münsing gehört die geschichtsträchtige Wirtschaft Zum Altwirt. Ende des 19. Jahrhunderts brachte die neu gebaute Isartalbahn zahlreiche Ausflügler von München zum Würmsee, wie der Starnberger See damals hieß. Nach dem Baden kehrte man gerne beim *Altwirt* in der Gaststube oder im Biergarten ein, bevor es wieder zurück in die Stadt ging.

Der Familienbetrieb mit eigener Metzgerei wurde 1967 an Josef, den Sohn von Josef und Theres Großmann übergeben. Dessen Sohn, ein gelernter Metzgermeister, übernahm 2002 Gastwirtschaft und Metzgerei. 2014 wurde die Wirtschaft komplett modernisiert und saniert, der bayerische Charakter und die Gemütlichkeit blieben gottlob gewahrt. Auch die Metzgerei wurde runderneuert und damit den neuen EU-Richtlinien angepasst. Auf diese Weise konnte die eigene Schlachtung und eigene Produktion sichergestellt werden.

Nur hochwertige Zutaten, gerne aus der Region, werden für die bayerischen Gerichte auf der abwechslungsreichen Speisekarte verwendet. Das schmeckt man! Das Wild stammt aus heimischer Flur. Das Rindfleisch vom Münsinger Weiderind und das Lamm aus dem Werdenfelser Land. Das Entengericht und der ofenfrische Schweinebraten, beides garniert mit selbst gemachten Knödeln, sind die lukullischen Lieblinge, nicht nur bei den vielen Stammgästen.

Das bezaubernde Dorf Münsing wurde um 550 gegründet. Hier ergänzen sich ländliche Idylle und die Bewahrung des Traditionellen. Die Ruhe wissen auch Schauspieler Heiner Lauterbach und Bestsellerautor Patrick Süskind (Das Parfüm) zu schätzen, die in diesem reizvollen kleinen Ort ihr Zuhause haben.

In Münsing steht die Kirche im wahrsten Sinn des Wortes mitten im Ort – neben dem Maibaum, der mit seinen vierzig Metern Höhe den der Landeshauptstadt sogar um drei Meter überragt.

Die Bäckerei Graf, eigentlich ein kleiner Krämerladen in Münsing-Ammerland, ist eines der Hauptdrehorte der Kult-TV-Serie *Hubert und Staller.*

14

Pocci-Denkmal
Weipertshauser Straße 7
82541 Münsing
www.grafpocci-gesellschaft.de

Informationen:
Gemeinde Münsing
Weipertshauser Straße 5
82541 Münsing
089 2126720
www.muensing.de

DER GRAF UND SEIN KASPERL LARIFARI

Pocci-Denkmal

Wer den kreativen Lebemann Franz von Pocci (1807–1876) kennenlernen möchte, begibt sich nach Münsing vor die dortige Grundschule. Da steht er auf einem Sockel, schlank mit mächtigem Kinn, riesiger Fliege, die Arme lässig verschränkt und ganz in Bronze. Mit verschmitztem Lächeln schaut er seine Bewunderer an. Zu seinen Füßen sitzt – wie könnte es anders sein – der Kasperl Larifari.

Das 2006 aufgestellte und feierlich eingeweihte Pocci-Denkmal stammt von dem 1957 in München geborenen Bildhauer Otto Süßbauer, der in Mooseurach bei Königsdorf lebt. Rund 15.000 Euro kostete das Denkmal, wobei ein Großteil durch Spenden von Firmen, der Gemeinde und vielen Einwohnern gestemmt werden konnte. Lange wurde im Ort und in der Gemeinde über mögliche Standorte diskutiert. Der Platz bei der Schule schien am treffendsten, denn Pocci liebte die Kinder und die Kinder liebten ihn.

Franz von Pocci war ein echtes Multitalent: Zeichner, Komponist, Karikaturist, Maler, Schriftsteller, Musiker und Erfinder des berühmten Kasperls Larifari. Von seinen über 600 komponierten Musikstücken sind die Lieder »Wenn ich ein Vöglein wär« und »Widewide wenne, heißt meine Putt-Henne« sicherlich die bekanntesten. Die rund 40 Kasperlstücke, die er für das heute noch existierende Münchner Marionettentheater verfasste, brachten ihm den Spitznamen »Kasperlgraf« ein.

Die 2002 in Münsing gegründete Franz Graf von Pocci Gesellschaft zeichnet seit 2006 jedes Jahr Kunstschaffende mit dem Pocci-Preis aus. Gerhard Polt und die Biermösl Blosn, das Münchner sowie das Salzburger Marionettentheater waren schon unter den Preisträgern.

Das Schloss (1683/85) Ammerland am See bei Münsing, das die Familie Pocci von König Ludwig I. geschenkt bekam und in dem Franz bis zu seinem Tod wohnte, kann nicht besichtigt werden.

Das Erholungsgebiet Ambach an der Ostseite des Sees ist im Sommer beliebtes Ziel. Der Parkplatz (rund 2.000 Plätze) befindet sich gute 200 Meter vom Strand entfernt. Im Sommer kostenpflichtig.

15

Loriot-Denkmal am Dorfplatz
Schmiedgasse 3
82541 Münsing
www.tourismus.
muensing.de

ZWEI HERREN IN DER BADEWANNE

Loriot-Denkmal

Bernhard-Viktor Christoph-Carl von Bülow, kurz Vicco von Bülow, erblickte am 12.11.1923 in Brandenburg an der Havel das Licht der Welt. Ab den 1950er-Jahren wurde aus ihm einer der vielseitigsten, bekanntesten und feinsinnigsten Humoristen, die Deutschland je hatte; ein künstlerisches Multitalent, der es als Autor, Regisseur, Schauspieler und Moderator aufs Beste verstand, sein Publikum immer wieder zu begeistern. Sein Künstlername *Loriot* stammt aus dem Französischen und bedeutet »Pirol«, das Wappentier der Familie von Bülow.

Am 30. Juli 2017, sechs Jahre nach dem Tod des großen Vicco von Bülow, Ehrenbürger von Münsing, wurde in seinem Heimatort sein Denkmal enthüllt. Es zeigt auf dem zentralen Dorfplatz zwei seiner berühmten Knollenmännchen in Bronze, die sich in einer Badewanne aus Granit gegenübersitzen und sich abwechselnd aus ihren Mündern anspritzen. Der Bildhauer Max Wagner, Schöpfer des Denkmals, stellte damit den berühmten Sketch *Herren im Bad* von Loriot nach. Bei den beiden Herren, die sich im Sketch gepflegt um die Vorherrschaft in der Badewanne streiten, handelt es sich um Herrn Dr. Klöbner, im realen Leben Gerd Haffmann, der von 1968 bis 1992 den Autor im Diogenes Verlag betreute. Der andere Badende ist Dr. Müller-Lüdenscheidt. Unvergessen der Befehl: »Die Ente bleibt draußen!« Das Denkmal entstand in enger Rücksprache mit Romi von Bülow, der Witwe, und den Kindern. Der Bildhauer änderte beispielsweise die Knollennasen der beiden etwa drei Tonnen schweren Badenden einige Male ab, bis sie der Familie gefielen.

Zur feierlichen Enthüllung des Denkmals spielte die Musikkapelle Münsing neben der obligatorischen bayerischen Blasmusik auch den Helenen-Marsch aus dem bekannten Loriot-Sketch »Weihnachten bei Hoppenstedts«.

Die TV-Vorabendserie *Hubert und Staller* ist Kult. Viele Schauplätze können vor Ort mit dem Fahrrad entdeckt werden. Die Runde ist 30 Kilometer lang. Flyer mit Radkarte unter: www.muensing.de

16

Fischereihofladen und Bootsverleih Sebald
Nördliche Seestraße 22
82541 Münsing-Ammerland
08177 9132
www.bootsverleih-fischerei.de

Gasthaus Fischerrosl
Beuerbergerstraße 1
82541 St. Heinrich
08801 746
www.fischerrosl.de

VERKAUFSSCHLAGER PFLANZERL

Fischereihofladen und Bootsverleih Sebald in Ammerland

Der Fischwirtschaftsmeister Matthias Sebald ist einer der 34 Fischer am Starnberger See, die noch ihren Beruf ausüben. Die Fischerei ist ein alter Traditionsbetrieb, der seit 1850 Aale, Brachsen, Renken, Saiblinge, Seeforellen und andere Fische aus dem Starnberger See zieht. Die hohe Wasserqualität des Sees, ein Ergebnis des Ringkanals, freut zwar die Badenixen, die Fische allerdings weniger. Weil sauberes Wasser weniger Nährstoffe enthält, bleiben die Seebewohner kleiner.

Allein vom Fischfang kann die Familie heute nicht mehr leben. Deshalb haben sich die Sebalds ein zweites Standbein aufgebaut, einen Hofladen mit Brotzeit-Garten und einen Bootsverleih (Segel-, Elektro- und Ruderboote). Der Räucherofen im Garten lässt erahnen, welche Spezialitäten hier angeboten werden: geräucherte Fische, wobei die Starnbergersee-Renken der absolute Verkaufsschlager sind. Befeuert wird der Räucherofen mit Erlenholz, das dem Fisch sowohl den exquisiten Geschmack als auch seine schöne goldgelbe Farbe verleiht.

Diese und andere Delikatessen wie Räucherfischsalate, Fischsuppe oder Fischsemmeln können dann in dem kleinen romantischen Garten beim alten Bauernhof unter Obstbäumen genossen werden. Oder man kauft im Hofladen ein – preislich ist es erfreulicherweise kein Unterschied.

Eines muss aber immer beim Fischer Sebald sein: die köstlich schmeckenden lauwarmen Fischpflanzerl, die besten der Welt! Sie bestehen aus einer Mischung aus Renken- und Saiblingsfilet, Semmeln, Petersilie, Eier, Lauch, Zwiebeln, Mohrrüben und einem streng geheimen »Pflanzerl-Gewürz«. Vor dem Herausbraten wälzt Frau Sebald die Leckerbissen liebevoll noch in Sesam – ein lukullischer Traum, den man sich allerdings immer nur jeden Donnerstag und nicht täglich erfüllen kann!

Auch das Gasthaus Fischerrosl in St. Heinrich wird vom Fischer Sebald beliefert. Unbedingt den Saibling blau, im Wurzelsud gegart, probieren!

17

Dietlhofersee
Am Dietlhofersee 1
82362 Weilheim
www.pfaffen-winkel.de

Gut Dietlhofen
Dietlhofen 1
82362 Gut Dietlhofen
0881 92452250
www.gut-dietlhofen.de

Erst Eiszeit, dann prima Badespass

Dietlhofersee

Wer in Weilheim lebt, hat es besonders gut! Um den Ort herum laden etliche Naherholungsgebiete im Sommer zum Baden und Entspannen ein. Im Winter kommen Schlittschuhläufer und Eisstock-Schützen voll auf ihre Kosten; wie am romantischen Dietlhofersee, der eine Gesamtwasserfläche von 89.000 Quadratmetern aufweist. Zu finden ist die nasse Naturschönheit rund 700 Meter nördlich der Stadtgrenze von Weilheim.

Entstanden ist der traumhaft gelegene Toteissee – wie etliche andere Gewässer im Starnberger Fünfseenland – während der letzten Eiszeit. Sein Namensgeber ist der nahe Weiler Dietlhofen, der einst an der Via Raetia, einer alten Römerstraße, lag.

Da das Gewässer nur eine maximale Tiefe von 20 Metern aufweist, erwärmt sich sein Wasser rasch. Im Sommer sogar bis auf erfreuliche 29 Grad! Ebenfalls angenehm ist die ausgezeichnete Wasserqualität, die von April bis September monatlich vom Gesundheitsamt Weilheim nach EU-Einstufung überprüft und als »ausgezeichnet« beurteilt wird.

Langweilig wird es den Wasserratten am See nicht. Wer will, schwimmt zum großen Floß und genießt von dort aus den herrlichen Panoramablick auf die Alpenkette. Besonders beeindruckend bei untergehender Sonne!

Sportlich ambitionierte Gäste zieht es zur Fußballwiese und dem Basketball-Freiplatz. Mitmachen kann jeder. Gegenseitiges Kennenlernen auf völlig unkomplizierte Art ist garantiert!

Sport macht hungrig. Deshalb trifft man sich anschließend im gemütlichen Biergarten mit schönem Seeblick. Angeboten werden unter anderem leckere griechische Spezialitäten. Wer dann noch Lust hat, kann den See zu Fuß oder mit dem Fahrrad umrunden. Nur das Ostufer mit seinem üppig wachsenden Schilf gehört der Natur und ist gesperrt. Der Weg verläuft in einem kleinen Bogen durch Dietlhof, bevor er wieder am See entlangführt.

Das Gut Dietlhofen (Bioland-Siegel) mit rund 70 Hektar Ländereien bietet im Hofladen gutseigene Produkte wie Bisonwurst an. Im Hofcafé genießt man selbst gebackenen Kuchen.

18

Stadtpfarrkirche Mariä Himmelfahrt
Marienplatz 3
82362 Weilheim

Katholische Pfarreiengemeinschaft Weilheim
Admiral-Hipper-Straße 13
82362 Weilheim
0881 2287
www.pfarreien-weilheim.de

SAKRALES SCHMUCKSTÜCK

Stadtpfarrkirche Mariä Himmelfahrt

Im Herzen der 563 Meter hoch gelegenen Kreisstadt Weilheim, am zentralen Marienplatz, steht die rund 45 Meter lange und etwa 25 Meter breite Stadtpfarrkirche Mariä Himmelfahrt. Von dem gotischen, 1624 abgerissenen Vorgängerbau ist nur noch der weithin sichtbare Turm mit seiner markanten Welschen Haube erhalten.

Das 2004 umfassend renovierte katholische Gotteshaus wurde 1624 bis 1628 von Hans Krumpper (1624–28) im manieristischen Stil erbaut. Das heißt, es sind sowohl Elemente der Renaissance als auch des Barocks zu sehen. Als Vorbild diente die Münchner Jesuitenkirche St. Michael.

Der Stuck im Inneren des prächtig ausgestatteten Gotteshauses stammt aus der berühmten Wessobrunner Schule. Das zauberhafte farbenfrohe Fresko *Maria umringt von den sieben Engeln* (1627) ist ein Werk des Weilheimer Frühbarock-Malers Elias Greuter des Älteren (1565/1570–1646) und dessen Sohn Johann.

1970 erhielt das Gotteshaus eine neue Orgel. Das alte Instrument von 1909 wurde durch die klangvollere Orgel des Augsburger Orgelbauers Max Offner ersetzt. Absolutes Highlight ist jedoch die *Wurzel-Jesse*-Monstranz von Joseph Anton Kipfinger – größte Barockmonstranz Deutschlands!

Nach dem Kirchenbesuch empfiehlt sich ein Bummel über den zauberhaften, 2009 neu gestalteten Marienplatz. Historische Häuser mit alteingesessenen Fachgeschäften, Restaurants, Stadtmuseum, Eisdiele und Straßencafé rahmen farbenfroh Weilheims »Gute Stube« ein.

Diesem kunterbunten Anblick konnte auch der berühmte russische Maler Wassily Kandinsky nicht widerstehen, der 1909 die Häuserfront (»Weilheim – Marienplatz«) malte. Auf dem Gemälde sind noch die barocke Mariensäule mit Marienfigur und der Vierjahreszeiten-Brunnen zu sehen, die noch immer den Mittelpunkt des Platzes bilden.

Das mit viel Liebe eingerichtete Café Rosalie verwöhnt unter anderem mit hausgemachten Kuchen sowie Torten, tollen Frühstücksangeboten und Köstlichkeiten aus der Bistroküche. www.cafe-rosalie.de

19

Brauerei Dachsbräu
Murnauer Straße 5
82362 Weilheim
0881 2261
www.dachsbier.de

Climbingworld GmbH
Kletterhalle »Under the ROOF« Weilheim
Trifthofstraße 58
82362 Weilheim
0881 41122
www.kletterhalle-weilheim.de

KULTIGES BIER IN DER REGION

Brauerei Dachsbräu

In der geschichtsträchtigen Dachsbräu-Brauerei mit Gastwirtschaft wird seit ihrer Gründung im Jahr 1879 Bier gebraut. Georg Dachs, der zuvor in der Gabelsbergerstraße in München den beliebten Gerstensaft braute, rief sie ins Leben. Noch im gleichen Jahr begann der umtriebige Geschäftsmann mit der Herstellung von Weizenbier und Braunbier.

Der Traditionsbetrieb braut etwa achteinhalbtausend Hektoliter im Jahr. Probieren kann man das bayerische Nationalgetränk entweder in der hauseigenen historischen Gaststube, in der Region und rund um den Ammersee. Nach wie vor wird das Bier mit viel Handarbeit und noch mehr Erfahrung streng nach dem Bayerischen Reinheitsgebot hergestellt. Hopfen, Wasser, Malz und Hefe – mehr braucht es nicht, um ein süffiges Endprodukt zu erhalten. Das Geheimnis liegt in der richtigen Mischung und in guten Zutaten. Und die kennt Braumeister Klose genau!

Nach einer Lehre im hauseigenen Betrieb, Besuch der Ausbildungsstätte für bayerische Braumeister in Weihenstephan und Gesellenjahre bei einer großen Münchner Bierbrauerei produziert der Meister nun neun verschiedene Biere: das Dunkel, das normale Helle, Weilheimer Festbier, das Weilheimer Jubiläumsbier, das extra zur 1.000-Jahr-Feier der Stadt entwickelt wurde, Weilheimer Urhell, Weizen, leichtes Hefe-Weizen und Weizenbock. Rund 7.500 Liter werden vom Ultimator-Bier gebraut – ein Starkbier, das es nur zur Fastenzeit gibt. Der zelebrierte Starkbieranstich in der Wirtsstube ist ein regionales gesellschaftliches Ereignis!

In der Gastwirtschaft wird ebenfalls Wert auf Tradition gelegt. Ausgezeichnete, solide zubereitete bayerische Klassiker aus vorwiegend regionalen Zutaten bestimmen die Speisekarte. Dann mal prost und guten Appetit!

Die Kletterhalle *Under the ROOF* in der Trifthofstraße bietet Kletterspaß für jedes Können. Wer sich nicht allein traut, kann einen Kletterkurs besuchen.

20

Stadttheater
Theaterplatz 1
82362 Weilheim
0881 682721
www.stadttheater-weilheim.de

Lesbar, die Buchhandlung
Admiral-Hipper-Straße 2
82362 Weilheim
0881 9232585
www.lesbar-weilheim.de

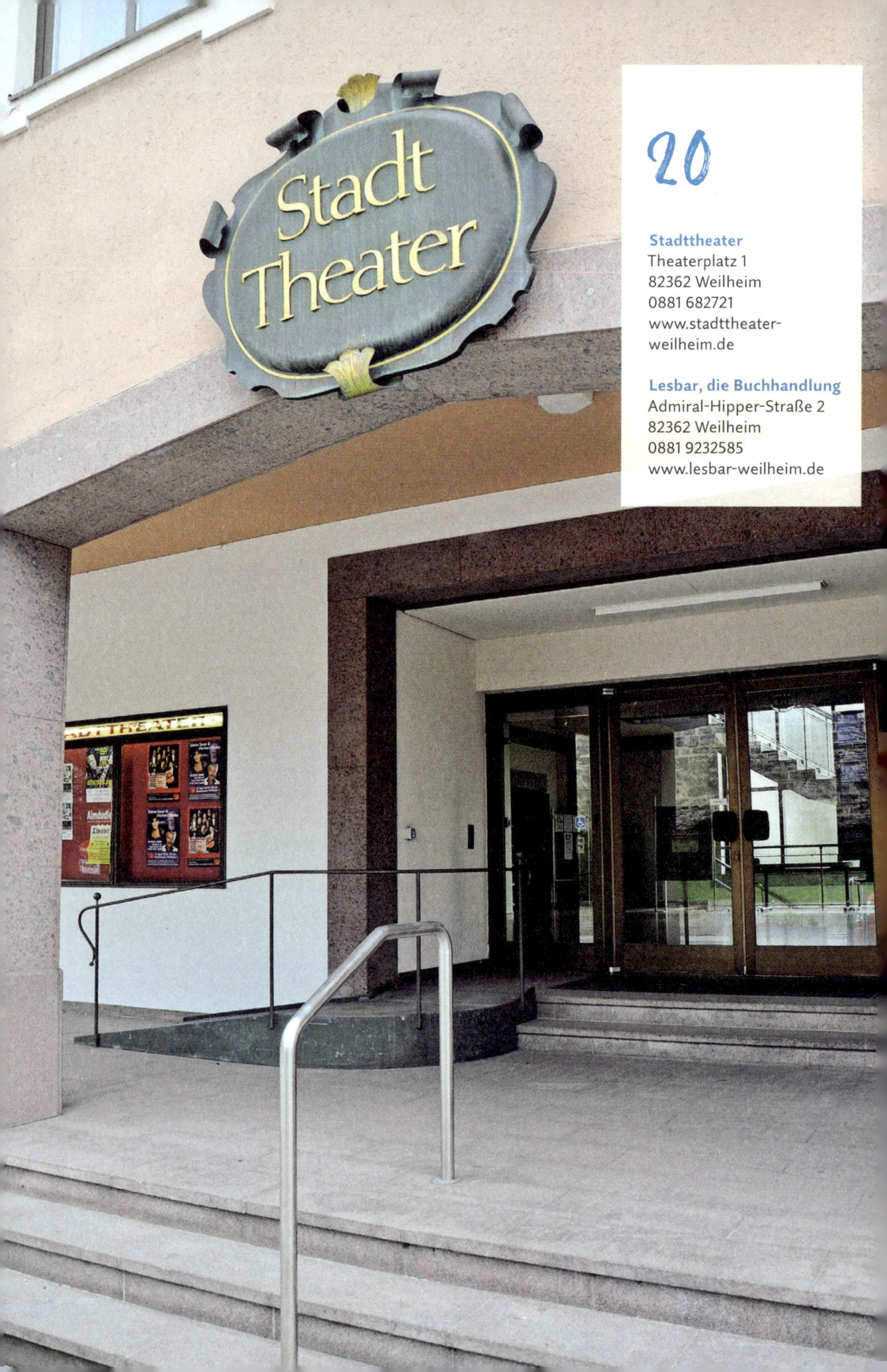

HIER SCHLÄGT DAS KULTURELLE HERZ

Stadttheater

Die hübsche Kreisstadt Weilheim liegt an der ehemaligen *Via Raetia*, der 200 n. Chr. erbauten Römerstraße. Diese verlief von Italien über den Brennerpass bis nach Augsburg. Auch heute ist das Städtchen wichtiger Standort einiger mittelständischer Unternehmen und quirliger kultureller Mittelpunkt der Region. Wichtigster Ort unterschiedlichster Kultur ist das klassische Theater.

Das Theaterspiel kann in Weilheim auf eine lange Tradition zurückblicken. Den Grundstein legte der damalige Stadtpfarrer Johann Älbl mit seinem um 1600 verfassten Weilheimer Passionsspiel, ein geistliches Drama um Leiden, Sterben und Auferstehen Jesu Christi, das bis Ende des 18. Jahrhunderts präsentiert wurde. Das gewaltige Epos wurde an drei Tagen hintereinander mit mehr als 90 Darstellern aufgeführt. Dieses Stück bildete die Grundlage für die weltbekannten Passionsspiele in Oberammergau.

1828 entstand am Weilheimer Theaterplatz das Theaterstadl. Pflege und Erhaltung des Gebäudes übernahm ab Ende des 19. Jahrhunderts der *Weilheimer Liederkranz*, der Vorgänger des *Weilheimer Chorkreises*. 1923 wurde das Theater umgebaut, 1975 bis 1976 erhielt es sein heutiges Äußeres und wurde erweitert.

Die Theatergruppe des 1921 gegründeten Heimat- und Trachtenvereins übernimmt seit Jahrzehnten die Pflege des Kunsttempels. Sie nutzt die Bühne für eigene Aufführungen bayerischer Stücke. Die Gründung der *Weilheimer Festspiele* im Jahr 1999 rief viele renommierte Künstler auf den Theaterplan. Aufgeführt werden bei diesem Theaterfestival hauptsächlich Klassiker. Auch das restliche Jahr über bietet das Theater, das zu einem der schönsten in ganz Bayern zählt, Klassiker. *Brandner Kaspar, La Mandragola, Maria Stuart* oder *Das Lächeln am Fuße der Leiter* – um nur einige zu nennen!

Die Buchhandlung Lesbar, Preisträger des Deutschen Buchhandelspreises 2016 und 2020, zählt zu den zehn besten Buchhandlungen Bayerns!

21

Deichstetterhaus
Staltacher Straße 34
82393 Iffeldorf
08856 9019920
www.iffeldorf.de

AMTSRÄUME IN HISTORISCHEM GEMÄUER

Deichstetterhaus

Zu den denkmalgeschützten Gebäuden des traumhaft schön gelegenen Ortes Iffeldorf zählen das historische Pfarrhaus aus dem Jahr 1699, die barocke Pfarrkirche St. Vitus, die ebenfalls barocke Wallfahrtskapelle St. Maria und das sogenannte Deichstetterhaus, ein ehemaliges Kranken- und Ärztehaus. Es wurde von 1877 bis 1878 von dem Architekten Ludwig Bayer im Stil des Späthistorismus errichtet. Zusammen mit der Remise und dem 2015/2016 errichteten, gläsernen Bürgersaal dient das Bauwerk als Rathaus.

Einst war im Deichstetterhaus ein Hospital für die Arbeiter untergebracht, die für die Maffei-Familie in der Landwirtschaft oder in der Brauerei tätig waren. Von 1909 bis zur Schließung im Jahr 1925 praktizierte in diesem Krankenhaus der Arzt Heinrich Deichstetter. 1928 erwarb er zusammen mit seiner Frau Carola das Gebäude von den Erben Maffeis. Nach dem Tod Deichstetters 1955 erbte die Gemeinde nach etlichen familiären Querelen das Gebäude.

2016 wurde das inzwischen etwas verfallene Deichstetterhaus nach zweijähriger Sanierungszeit feierlich eingeweiht. Hier ist das Rathaus eingezogen. Der Bürgersaal (mit Küche) wird von den Einheimischen für private Feste gebucht. Dank guter Akustik dient der Saal auch als Übungsraum für Sänger und Musiker.

Iffeldorf, das südlich des Starnberger Sees und rund 45 Kilometer von München entfernt liegt, ist bei Wanderern und Badebegeisterten gleichermaßen beliebt. Die nahe gelegenen Osterseen, ein zauberhaftes Landschaftsschutzgebiet, bestehen aus 19 unterschiedlich großen Seen. Diese werden auch »Tränen« des Starnberger Sees genannt.

Von 1860 bis 1961 prägte das ehemalige Gut Staltach der Familie von Maffei mit Brauerei, Torfwerk und landwirtschaftlichen Anwesen sowohl das Dorf als auch die gesamte umliegende Region.

1990 begann die Erfolgsgeschichte der Iffeldorfer Meisterkonzerte. Jedes Jahr gelingt es, Künstler internationalen Rangs zu verpflichten. www.iffeldorfer-meisterkonzerte.de.

22

Bergwerkmuseum
Karlstraße 36
82377 Penzberg
08856 813523
www.bergwerksmuseum-penzberg.de

GLÜCK AUF!

Bergwerkmuseum

Vor circa 40 Millionen Jahren entstanden in rund 1.000 Meter Tiefe in der Region des heutigen Penzbergs Pechkohlevorkommen. Im Jahr 1786 begann man mit dem Pechkohleabbau, als dessen Begleiterscheinung in der einst dünn besiedelten Gegend innerhalb weniger Jahre der Ort Penzberg entstand. Wohnhäuser schossen aus dem Boden, um die vielen Bergleute unterzubringen, die aus dem gesamten mitteleuropäischen Raum kamen. 1870 wurde die Oberbayerische Aktiengesellschaft für Kohlebergbau gegründet. 1898 schlossen sich die Bergleute zu einer Bergarbeitergewerkschaft zusammen. Mitte der 1960er-Jahre arbeiteten noch mehr als 1.400 Knappen im Penzberger Bergbau.

Der Kohlebedarf nahm jedoch kontinuierlich ab, weshalb die Grube Penzberg 1966 wegen Unwirtschaftlichkeit geschlossen werden musste. 1968 gründeten die ehemaligen Bergleute den Bergknappen-Verein Penzberg e.V. mit dem Ziel, ein Bergwerkmuseum ins Leben zu rufen. Gesagt, getan! Das informative, 2013 neu gestaltete Museum präsentiert originalgetreue Streckenausbauten, einen Blindschacht aus der Grube sowie Hunten (Förderwagen). Eindrucksvolle Filmdokumente in dem kleinen Bergwerkskino und historische Fotografien verdeutlichen das harte Leben der Männer unter der Erde – bei katastrophalen Arbeitsbedingungen, die heute kaum mehr vorstellbar sind. Daraus wuchs jedoch ein enger Zusammenhalt unter der Bevölkerung, der noch immer im Ort zu spüren ist. Höhepunkt des Museumsbesuches, besonders für Kinder, bildet die simulierte Sprengung! Bei einem Spaziergang auf dem Geschichts- und Bergbaulehrpfad, der durch den gesamten Ort führt, erfährt man, welche Funktion einige Gebäude früher hatten.

Der Eitzenberger Weiher nördlich von Penzberg bietet Badespaß bei ausgezeichneter Badegewässerqualität! Rund 18.000 Quadratmeter Liegefläche laden zum Faulenzen ein.

23

Schaugarten Seeshaupt
Bahnhofstraße 40
82402 Seeshaupt
08801 592
www.schaugarten-seeshaupt.de

SPAZIERWEG IN EINER BLÜTE

Schaugarten

Der etwa 2.500 Quadratmeter große Schaugarten Seeshaupt liegt im Herzen des Ortes. Angelegt wurde das Gartenparadies 2001 bis 2002 von zwei begeisterten Staudengärtnern nach streng biologischen Gesichtspunkten. Sie pachteten eine bis dahin ausschließlich wirtschaftlich genutzte Wiese und legten los. Allmählich entstanden – auch dank zahlreicher freiwilliger Helfer – Themenbeete, Trockenmauern als Heimat für Kleintiere und ein Teich.

Der Grundriss des Kleinods bildet die Form einer Blüte. Man betritt die Anlage sozusagen beim »Stengel« und spaziert dann weiter auf dem verschlungenen Garten-Erlebnisweg von den äußeren über die inneren Blütenblätter hin zum Mittelpunkt der »Blüte«, der durch einen hübschen Pavillon gekennzeichnet ist. 2013 erhielt das Projekt den Umweltpreis des Landkreises Weilheim-Schongau für besondere Verdienste um Natur- und Umweltschutz.

Der 2017 gegründete Verein Schaugarten Seeshaupt e.V. bietet verschiedene Workshops, Führungen und Kulturveranstaltungen an. Für Naturliebhaber und Hobby-Gärtner ist ein Besuch des Lehr- und Erlebnisgartens eine klare Empfehlung! Denn neben farbenfrohen und herrlich duftenden Impressionen erfährt man jede Menge Wissenswertes und »grüne« Neuigkeiten. Zu bewundern gibt es beispielsweise mehr als 1.100 verschiedene winterharte Stauden, seltene historische Rosen und in Vergessenheit geratene Kulturpflanzen. Pflanzen-Namensschilder helfen wissbegierigen Garten-Neulingen weiter.

Wer die herrliche Blütenpracht in seinen Garten holen möchte, findet in der *Grünen Ecke* am Infopavillon Tütchen mit Samen aus dem Schaugarten zum Mitnehmen. Aus eigener Ernte versteht sich! Verschiedene, zum Teil überdachte romantische Sitzplätze laden zu einem gemütlichen Picknick ein. Die dazu gehörige Brotzeit darf mitgebracht werden.

Wer sich noch eingehender für naturnahes Gärtnern in dieser Region interessiert, findet im Gartennetzwerk Gartenwinkel Pfaffenwinkel den richtigen Ansprechpartner. www.gartenwinkel-pfaffenwinkel.de

24

Buchheim Museum
Am Hirschgarten 1
82347 Bernried
08158 99700
www.buchheimmuseum.de

Clement Chococult Manufakturladen Bernried
Bahnhofstraße 25
82347 Bernried
08158 6310
www.clement-chococult.de

WAS MACHEN GIRAFFEN AM SEE?

Buchheim Museum

Der exzentrische Maler, Autor, Verleger und leidenschaftliche Sammler Lothar-Günther Buchheim (1918–2007) hatte einen großen Traum – ein eigenes Museum, in dem er seine umfangreiche Kunstsammlung, im Besonderen seine expressionistischen Gemälde, der Öffentlichkeit präsentieren konnte.

Die Realisierung des Museumsprojekts gestaltete sich mehr als schwierig, was sicherlich auch daran lag, dass Buchheim nicht gerade ein besonders einfacher Zeitgenosse war. Es dauerte lange, bis ein geeigneter Platz für das *Museum der Phantasie* gefunden werden konnte. Feldafing, Wohnort des Künstlers, lehnte per Bürgerentscheid dessen Bau ab. Weiter südlich, im Höhenrieder Park, nördlich von Bernried, klappte es dann.

Für den Bau konnte der renommierte Architekt Professor Günter Behnisch (1922–2010), der das Münchner Olympiastadion entworfen hatte, gewonnen werden. Am 23.5.2001 war es endlich so weit: Das traumhaft gelegene Buchheim Museum, einem Schiff nachempfunden, wurde feierlich eingeweiht. Ein zwölf Meter langer Aussichtssteg mit nettem Café schwebt über dem See.

Der Museumsbesuch beginnt bereits am Parkplatz. Riesige Holzgiraffen des Bildhauers Günter Schumann begrüßen die Besucher. Weiter geht es vorbei an einem Seiltänzer, der hoch über den Köpfen der Besucher balanciert. Das *Museum der Phantasie* bietet unterschiedlichste Kunst, wie ein Volks- und Völkerkundemuseum, und natürlich eigene Werke Buchheims. Die gesamte Sammlung des berühmten Exzentrikers wird auf rund 100 Millionen Euro geschätzt.

Der Schwerpunkt liegt auf den Werken berühmter deutscher Expressionisten. Seit 2017 ergänzen umfangreiche »Brücke«-Kunstwerke (als Dauerleihgabe) des Würzburger Kunstsammlers Professor Hermann Gerlinger (1931) diese exquisite Sammlung.

Die Schokoladenwerkstatt Clement Chococult im Bernrieder Bahnhof bietet neben köstlichen Pralinees auch Pralinenkurse an.

25

Bauernhaus Beim Stupper
Reitweg 2
82347 Bernried

Tourismusbüro
Dorfstraße 26
(Gemeindezentrum)
82347 Bernried
08158 8040
www.bernried.de

IDYLLISCH GELEGEN UND PREISGEKRÖNT

Bauernhaus *Beim Stupper*

Bernried schätzt seine Vergangenheit und präsentiert mit Stolz 34 denkmalgeschützte Gebäude. Eines davon ist das Holzgebäude *Beim Gstupper* oder auch *Beim Stupper* genannt. Der wunderschöne ehemalige Kleinbauernhof wurde nach dem verheerenden Dorfbrand im Jahr 1685 erbaut und ist einer von sechs noch erhaltenen Bauernhöfen im Dorf.

Der zweigeschossige Blockbau mit Flachsatteldach, Laube und Zierbund, dessen Holz eine natürlich gedunkelte Patina zeigt, ist beliebtes Fotomotiv für Touristen. Vor dem Anwesen befindet sich ein wunderschöner Bauerngarten.

Aus der Zeit von Mitte des 17. Jahrhunderts bis Anfang des 18. Jahrhunderts stammen der ehemalige Bauernhof *Beim Welsch* (Am Hofgarten 1), *Beim Schmied* (Am Hofgarten 5), *Beim Stallbartl* (Reitweg 9), *Beim Webertoni* (Reitweg 10) und *Beim Roller* (Tutzinger Straße 7).

Bernried mit seinen rund 2.400 Einwohnern zählt zu den ältesten Siedlungen rund um den Starnberger See. Vermutlich ließen sich an diesem Ort schon die Römer nieder, wie Funde einer römischen Siedlung mit Keramik und Münzen vermuten lassen. In den Urkunden taucht der Ort 1120 zum ersten Mal auf: Graf Otto von Valley und seine Gemahlin Adelheid stifteten das Augustiner-Chorherren-Kloster, die heutige barocke Klosteranlage der Missionsbenediktinerinnen aus Tutzing.

Seit 1580 verfügt der kleine Ort über eine Schiffanlegestelle, die unterhalb des Klosters liegt. Als 1865 die Eisenbahnstrecke von Tutzing nach Penzberg eröffnet wurde, bekam Bernried einen eigenen Bahnhof. Dadurch reisten etliche Künstler in das malerische Bernried, wie beispielsweise Wilhelm Leibl, Wilhelm Trübner und Lovis Corinth.

Die Eröffnung des Buchheim Museums im Jahr 2001 war ein weiterer wichtiger Baustein in der langen Dorfgeschichte. 2007 gewann Bernried im Bundeswettbewerb »Unser Dorf hat Zukunft« sogar eine Goldmedaille!

Der Landgasthof Drei Rosen in der Dorfstraße 11 lädt zu bayerischer Küche in drei Gaststuben ein. Im Sommer trifft man sich im Biergarten unter alten Kastanienbäumen. www.dreirosenbernried.de

26

Forsthaus Ilkahöhe Restaurant und Biergarten
Oberzeismering 2
82327 Tutzing
08158 8242
www.restaurant-ilkahoehe.de

SO WEIT DAS AUGE REICHT

Gasthof Forsthaus Ilkahöhe

Die Ilkahöhe gilt mit ihren 726 Metern Höhe sicherlich als einer der schönsten Aussichtsplätze im gesamten Starnberger Fünfseenland. Der Panoramablick reicht über den See bis zur Alpenkette mit Zugspitze, Chiemgauer Alpen, Karwendel- und Wettersteingebirge.

Der Gasthof Forsthaus Ilkahöhe, etwas unterhalb der Aussichtsterrasse gelegen, lädt im Sommer mit einem gemütlichen Biergarten ein. Das historische Gebäude war einst – wie der Name schon verrät – Forsthaus. Da der Förster auch das Schankrecht besaß, bewirtete er Wanderer und Waldarbeiter mit Speis und Trank und besserte damit sein karges Gehalt auf. In den 1950er-Jahren entstand aus dem ehemaligen Wohnhaus des Weidmannes die Gastwirtschaft.

Das heutige Gasthaus, ein beliebtes Ausflugsziel, ist wegen seiner grandiosen Aussicht und seiner historischen Inneneinrichtung attraktiver Schauplatz festlicher Anlässe wie Taufen oder Hochzeiten. Im Restaurant und auf der Terrasse genießt man gehobene bayerische und mediterrane Küche mit ausgezeichneten Fischspezialitäten.

Wer es rustikaler (und wesentlich preisgünstiger) bevorzugt, begibt sich in den Biergarten mit Selbstbedienung. Bei frisch gezapftem Bier einer großen Münchner Brauerei genießt man – wieder mit wundervollem Panoramablick – bayerische Schmankerl vom Grill oder eine bayerische Brotzeit.

Bei der Ilkahöhe haben wir es geologisch betrachtet mit einer Jungmoräne zu tun, die in der Würmeiszeit entstanden ist. Der Weg vom Tutzinger Bahnhof auf die Ilkahöhe zählt zu den beliebten Wanderklassikern.

Seinen Namen verdankt der Aussichtsplatz Fürstin Helene (Ilka) von Wrede (1838–1913), eine geborene Vieregg, die sich im Krieg 1870/71 aufopferungsvoll um Verwundete kümmerte und deshalb mit etlichen bayerischen und preußischen Auszeichnungen geehrt wurde.

Die malerisch gelegene Nikolauskirche beim Forsthaus Ilkahöhe stammt aus dem Jahr 1297. Auf dem Friedhof ist auch der Darsteller des Götz' von Berlichingen, Benno Sterzenbach (1916–1985), beerdigt.

27

Museumsschiff Tutzing
Nemesweg
(zwischen Kustermannpark und Touring Yacht-Club)
82327 Tutzing
08158 1087 (Verein)
0172 8109135 (Café & Bistro)
www.museumsschiff-tutzing.de
www.seejazz.de (Konzerte)

AUF DEM HISTORISCHEN DAMPFER

Museumsschiff Tutzing

Was geschieht mit einem stolzen Fahrgastschiff aus dem Jahr 1936, das mehrere Millionen Seemeilen auf dem Starnberger See zurücklegte und 1995 aus dem Verkehr genommen wurde? Es wird verschrottet!

Vor diesem Schicksal wollte der 1997 gegründete gemeinnützige Museumsschiffverein Tutzing das in einer Deggendorfer Werft erbaute Schiff bewahren. Das Technikdenkmal bayerischer Schiffbaukunst sollte der Öffentlichkeit erhalten bleiben und ein geselliger Treffpunkt am See mit diversen Veranstaltungen werden. Beides ist bestens gelungen!

Nachdem der Verein das beinahe 33 Meter lange und 7,85 Meter breite Schiff zum symbolischen Preis von einer D-Mark von der Bayerischen Seenschifffahrt gekauft hatte, begannen die Sanierungsarbeiten. Nicht nur auf den drei Außen- und zwei Innendecks gab es reichlich zu tun; die *Tutzing* musste auf den aktuellen Stand der Technik gebracht werden. Da galt es, zahlreiche Vorschriften einzuhalten, beispielsweise im Bereich der Sanitäranlagen. Die aufwendigen Bauarbeiten erstreckten sich über drei Jahre.

Ein fast 40 Meter langer Steg, an dem das Museumsschiff vertäut ist, wurde aus Tiroler Lärchenstämmen neu errichtet. Nach der Abnahme übergaben die zuständigen Behörden die *Tutzing* am 27.7.2001 feierlich der Öffentlichkeit. Seitdem sind die offenen Schiffsdecks und das Bistro gern besuchte regionale Treffpunkte.

Im Inneren des Schiffes befinden sich noch die original erhaltene Kombüse und Fahrkartenausgabe sowie zwei Fahrgasträume, die bei schlechtem Wetter zum gemütlichen Verweilen einladen.

Während der Sommermonate finden auf der ersten und einzigen Schiffsbühne Bayerns verschiedene Veranstaltungen statt. Das Angebot reicht von Jazz-Konzerten bis hin zu Kabarett-Abenden. Sonntagskonzerte sind gratis. Zwischen Mai und Oktober können Heiratswillige auf dem Schiff in den Hafen der Ehe fahren und sich standesamtlich trauen lassen.

Das Café Käthe in der Hallberger Allee 14, ein schrilles Vintage-Café, verwöhnt mit regionalen Bio-Produkten. Kuchen und Torten sind hausgemacht.

28

Ortsmuseum Tutzing
Graf-Vieregg-Straße 14
(Thomaplatz)
82327 Tutzing
08158 2502223
www.ortsmuseum-
tutzing.de

Ortsgeschichte im alten Schulhaus

Ortsmuseum

Bis 2010 fehlte dem beliebten Urlaubs- und Erholungsort Tutzing eine Stätte, um seine lange und abwechslungsreiche Historie zu präsentieren. Die Rede ist immerhin von mehr als dreitausend Jahren Ortsgeschichte!

Mit der Renovierung der alten Schule am See schlugen die Tutzinger gleich zwei Fliegen mit einer Klappe. Zum einen konnte das vor dem Verfall stehende historische Gebäude gerettet werden. Zum anderen erhielt der Ort 2010 in dem alten Schulhaus endlich sein lang gewünschtes Museum. Die Idee zur Verwandlung des unansehnlichen Baus in ein schmuckes stammt von Altbürgermeister Peter Lederer.

Die Renovierungsarbeiten fanden von November 2008 bis April 2010 statt. Dank großzügiger Spenden vieler Einheimischer war die Finanzierung gesichert. Das rund 85 Quadratmeter große Museum verfügt über vier Räume. Im ersten erfahren Besucher Interessantes über die Fischerei. Hauptsächlich gehen Seeforellen – auch als Lachs Oberbayerns bezeichnet – und Renke, der Brotfisch der ansässigen Berufsfischer, ins Netz. Der zweite Raum widmet sich der Entwicklung des Ortes von der Urzeit bis zur Gebietsreform im Jahr 1978. Im dritten und vierten Raum lassen sich spannende, ortsbezogene und ganz unterschiedliche Wechselausstellungen erleben.

Nach so viel Kunst haben Sie sich eine erholsame Pause verdient! Perfekt geeignet ist der direkt am See gelegene Thoma-Platz vor dem Museum. Von hier aus bietet sich ein herrlicher Blick zur Linken auf die schmucke Barockkirche St. Peter und Paul (1738/1739) mit markantem Zwiebelturm (1895). Geradeaus blickt man auf das andere Seeufer. Zur Rechten präsentiert sich die komplette Alpenkette, besonders bei Föhnwindlage (Südwind) ein beeindruckendes Erlebnis!

Der Komponist Johannes Brahms weilte von Mitte Mai bis Mitte September 1873 in Tutzing. Ihm zu Ehren finden jährlich die Tutzinger Brahmstage statt. www.tutzinger-brahmstage.de

29

KurTheater
Kirchenstraße 3
82327 Tutzing
08158 6380
www.kino-zeit.de

Taverna Santorini am Sarnberger See
Marienstraße 16
82327 Tutzing
08158 995012

KINO MACHT FREUDE UND FREUNDE

KurTheater

Tutzing mit seinen rund 10.000 Einwohnern verfügt über ein ganz wundervolles Kino: Das charmante *KurTheater* ist ein Traum aus den 1950er-Jahren mit violetten Plüschsitzen und orangefarbenem Samtvorhang. Die Familie Harthauser erbaute das Lichtspielhaus im Jahr 1954.

2003 übernahm der Filmjournalist und Hörfunk-Moderator Michael Teubig zusammen mit seiner Frau Eva-Maria das Kino und verhinderte dadurch eine Schließung. Bei der anstehenden umfassenden Renovierung achtete er darauf, den Stil der 1950er-Jahre zu erhalten. Seit November 2012 ist das *KurTheater* dank einer neuen hochmodernen digitalen Projektionsanlage (mit Dolby 5.1 Digital-Ton) technisch auf dem neusten Stand. 127 bequeme Hochpolstersitze bieten optimale Beinfreiheit und einen perfekten Blick auf die 24 Quadratmeter große Leinwand.

Das Motto des rührigen Kinobetreibers Teubig lautet »Kino macht Freude und Freunde«. Nicht selten bieten sich nach den Vorstellungen Gelegenheiten, sich mit dem Kinonärrischen zu unterhalten und fachzusimpeln. Das Lichtspielhaus wurde mit vielen Preisen ausgezeichnet. In den Jahren 2008, 2011, 2012 und 2017 erhielt es den Kinoprogrammpreis des FFF-FilmFernsehFonds Bayern. Die Jury lobte das qualitativ herausragende Filmprogramm und den Erhalt nostalgischer Kino-Kultur im südlichen Starnberger See-Gebiet. 2014 folgte der Hausenstein-Kulturpreis der Gemeinde Tutzing. 2017 erhielt Teubig für sein hervorragendes Filmprogramm abseits des Mainstreams und für den hohen Anteil deutscher Filme den Kino-Programm-Preis. Verdiente Anerkennung für den Mut des begeisterten Cineasten. Finanziellen Rückhalt – falls mal notwendig – bietet der 2009 gegründete Förderverein mit seinen Sponsoren.

Ein Besuch des griechischen Restaurants *Taverna Santorini* ist wie ein Kurzurlaub. Im Sommer sitzt man auf der Terrasse direkt am Seeufer.

30

Eisdiele Corallo
Hauptstraße 46
82327 Tutzing
08158 997508

Blumen Liesl
Hauptstraße 50
82327 Tutzing
08158 258775
www.blumenliesl.de

DER EISKÖNIG UND SEIN KALTES REICH

Eisdiele Corallo

Von den rund 4.000 Eisdielen in Deutschland stammen etwa 3.000 Gelatieri aus dem italienischen Zoldo-Tal, dem *Tal der Gelatieri*. Der erste Gelatiere aus dem Tal startete um 1875 in Wien eine steile Eiskarriere. Am Ende beschäftigte er mehr als 60 Eisverkäufer – natürlich alles Kollegen aus dem Zoldo-Tal. Wegen fortschreitender Industrialisierung mussten um das Jahr 1850 viele Handwerksbetriebe im Tal schließen. Die Leute waren gezwungen, auszuwandern und Neues zu lernen. Auch Raffaele Panciera, der 23 Jahre lang Regensburger Schleckermäuler mit seinen wunderbaren Eisspezialitäten verwöhnte, stammt aus dem Zoldo-Tal.

2013 übernahm er die alteingesessene Eisdiele in der Tutzinger Hauptstraße, die schon seit 1991 existiert. *Eiskönig von Tutzing* wird der Meister von seinen zahlreichen Stammgästen genannt. Ein Ruf, der jeden Tag aufs Neue für ihn verpflichtend ist.

Natürliche Zutaten, selbstverständlich immer frisch, sind Basis für die hausgemachten erfolgreichen Eiskreationen. Für die unterschiedlichen Geschmacksrichtungen sind Kreativität und eine gute Spürnase für den vorherrschenden Zeitgeist gefragt. Ausgefallenere Kombinationen wie Joghurt-Gurken-Eis, William-Birne-Eis, Feige-Walnuss-Eis oder Zitrone-Basilikum sind bei den Gästen äußerst beliebt. Aber auch die Klassiker wie Vanille- und Zitroneneis sind quasi ein Dauerbrenner. Für die Kleinen hat der Eiskönig das Eis *Kinderschokolade* kreiert – der eiskalte Knaller!

Die häufig lange Warteschlange vor der Eisdiele sollte einen nicht abschrecken. Das Personal ist nicht nur ausgesprochen freundlich, sondern auch sehr flott. Die Eiskugeln, die aus dem Portionierer schwungvoll in die Eistüte oder den Eisbecher wandern, sind äußerst großzügig bemessen! Grazie mille!

Das Blumengeschäft Blumen Liesl verzaubert durch bunte und individuelle Blumenkreationen. Der Laden ist auch auf dem Tutzinger Christkindlmarkt zu finden.

31

Häring Midgardhaus
mit Biergarten
Midgardstraße 3–5
82327 Tutzing
08158 1216
www.midgardhaus.de

Nordbad Seerestaurant
Nordbadstraße 1
82327 Tutzing
08158 6819
www.nordbad.de

GUT AUFPASSEN, IHR LÖWEN!

Häring Midgardhaus

Die älteste Villa im Ort, das gelbe, denkmalgeschützte Midgard-Haus, liegt an der Spitze der kleinen Halbinsel am nördlichen Ufer Tutzings. Der ortsansässige Schlossbesitzer Graf Karl Theodor von Vieregg ließ das großzügig im italienischen Landhausstil ausgestattete Gebäude als Gästehaus erbauen. Damals lag die Villa noch außerhalb des Ortes. Den grandiosen Berg- und Seeblick gab's aber schon gratis!

Das Haus wechselte häufig den Besitzer. Einer von ihnen war Maximilian Schmidt (1832–1919), Waldschmidt genannt, ein bayerischer Heimatschriftsteller. Die Gartenanlage um das Haus ließ der Bauherr von keinem Geringeren als Carl von Effner entwerfen, der bereits für die Parkanlagen der Schlösser Linderhof und Herrenchiemsee verantwortlich war. 1884 wurde Schmidt zum königlich bayerischen Hofrat ernannt – von König Ludwig II. höchstpersönlich.

Waldschmidt gründete den Bayerischen Fremdenverkehrsverband und 1895 das Volkstrachtenfest, aus dem sich später der noch bestehende Trachten- und Schützenzug zum Oktoberfest entwickelte.

Mit seinem Werk *Die Fischerrosl von St. Heinrich* gelang dem Bestseller-Autor des 19. Jahrhunderts ein Volltreffer. Dieser spülte Geld in die Kassen. Somit stand dem Kauf der Villa nichts mehr im Wege. Die beiden mächtigen liegenden Löwen schauen noch immer, ohne zu brüllen, vom Ufer aus auf den See. Die Tiere stammen von Simon Ferber, der 1870 die Villa erwarb. Der spätere Besitzer, der Ägyptologe und Schriftsteller Georg Ebers (1837–1898), machte aus dem Prachtbau einen beliebten Künstlertreff. Ebers Romane erfreuten sich großer Beliebtheit und brachten ihm respektable Einnahmen.

Seinen Namen erhielt das zauberhafte Gebäude von der Midgardstraße, an der es sich befindet.

1985 öffnete in den geschichtsträchtigen Räumlichkeiten und auf der Sonnenterrasse ein nobles Restaurant, Treffpunkt vieler Berühmtheiten und solcher, die es werden wollen.

Gleich neben dem Midgard-Haus lädt das kleine Seerestaurant am Nordbad mit Segel- und Surfcenter ein. Mit SUV- und Surfbrett-Verleih. www.nordbad.de

32

Bahnhof
Bahnhofsplatz 1
82340 Feldafing
www.feldafing.de

Gasthaus Poelt
Bahnhofstraße 41
82340 Feldafing
0815 7998331
www.gasthaus-poelt.de

PRÄCHTIGER HALT FÜR SISIS SONDERZUG

Bahnhof

König Max II. hatte vor, in Feldafing einen Bahnhof erbauen zu lassen, damit er seine geplante Sommerresidenz im Lenné-Park schneller erreichen konnte. Beide Vorhaben wurden nicht realisiert, hatten aber trotzdem etwas Gutes. Denn die Ziegelsteine, die Max II. bereits bestellt hatte, dienten nach seinem Tod dem Bau der Bahnhöfe in Feldafing und Possenhofen.

Mit dem damals georderten Material entstand im Jahr 1865 im Stil der Maximilianszeit der zweigeschossige Bahnhof Feldafing. 1902 bekam der Bahnhof ein zweites Gleis und 1924 sogar Strom. Er ist noch immer ein stolzer Prachtbau, ein königliches Relikt aus einer anderen Zeit. Sogar Kaiserin Elisabeth nutzte den Bahnhof. Sie reiste – natürlich in einem Sonderzug – viele Jahre im Sommer an, um im Hotel Strauch nahe dem See, dem heutigen Hotel Kaiserin Elisabeth, eine erholsame Zeit zu verbringen.

Auch die 1900/01 erbaute, für heutige Verhältnisse viel zu schmale Bahnunterführung besteht noch. Ebenso hat das denkmalgeschützte Wetterhäuschen aus den Jahren um 1920, das im Jugendstil erbaut ist, die Jahrzehnte überlebt.

Als ab dem Jahr 1972 die S-Bahn über Feldafing bis nach Tutzing fuhr und der Fahrkartenschalter geschlossen wurde, verlor der Bahnhof seine eigentliche Funktion. Er verfiel mehr und mehr. Das sollte sich ändern, als die Gemeinde das mittlerweile denkmalgeschützte Gebäude für 500.000 Euro kaufte und es umfassend sanieren ließ. 2013 zog das Rathaus in die historischen Räumlichkeiten ein. Im rechten Gebäudetrakt lädt seit Mai 2013 das Café Max II. zu einer genussvollen Pause ein. Die Kulturbühne mit abwechslungsreichem Veranstaltungsprogramm ergänzt perfekt das lukullische Angebot.

Bastelfreaks aufgepasst! Die Firma Kibri bietet einen Bausatz »Bahnhof Feldafing« (Nr. 39366) an, mit dem Sie den Bahnhof im Verhältnis 1:87 in Ihr Wohnzimmer holen können!

Gute bayerische Küche bietet das Gasthaus Karl Poelt, schräg gegenüber vom Bahnhof. Das Wirtshaus wurde 1865 als *Gasthof zur Eisenbahn* erbaut.

33

Kaiserin Elisabeth Museum Possenhofen e. V.
Bahnhof Possenhofen
Schlossberg 2
82343 Pöcking
08157 925932
www.kaiserin-elisabeth-museum-ev.de

HERZLICH WILLKOMMEN, EUER MAJESTÄT

Kaiserin Elisabeth Museum

Den historischen Bahnhof Possenhofen, heute S-Bahn-Station, ließ König Max II. von Bayern erbauen. Die Pläne zu dem unter Denkmalschutz stehenden Gebäude stammen von dem Architekten Georg von Dollmann, der später auch die Schlösser Linderhof, Herrenchiemsee und Neuschwanstein plante.

Der herrschaftliche Warteraum war reich mit Stuck, Deckengemälden und Seidentapeten ausgeschmückt. Heute beherbergt dieser Königssalon sowie drei weitere Räume im Bahnhof das kleine, aber feine Sisi-Museum, das dem Leben der Kaiserin gewidmet ist.

Vor dem Museum steht die Herrscherin und begrüßt ihre Gäste. Die Statue von Kaiserin Elisabeth stammt von dem Pöckinger Bildhauer Jozek Nowak und wurde aus dem zwei Meter hohen Stamm einer Platane geschaffen.

Zu sehen gibt es eine Büste der siebenjährigen Sisi, eine Skulptur von Kaiser Franz Joseph und seiner Braut Sisi, eigens zur Hochzeit der beiden geschaffen, und einen Trauerfächer – bemalt von Sisis Tochter Marie Valerie. Eine weitere Kostbarkeit bildet der Original-Silberrahmen mit dem handsignierten Hochzeitsbild von Thronfolger Rudolf (Sohn der Kaiserin) und seiner Verlobten Stephanie.

Die berühmte Kaiserin Elisabeth Amalie Eugenie hatte einen ganz besonderen Bezug zum Starnberger See. Am 24.12.1837 erblickte Sisi, so nannte ihre Familie die Kaiserin, in München als zweites Kind von Prinzessin Ludovika Wilhelmine (1808–1892) und Herzog Maximilian von Bayern (1808–1888) das Licht der Welt.

In ihrem geliebten *Possi*, dem Schloss Possenhofen am See, verbrachte sie zusammen mit ihren Eltern und Geschwistern während der Sommermonate Zeiten des Glücks. Die Familie reiste mit zahlreichen Bediensteten und viel Gepäck mit dem Zug an. Vom Bahnhof aus kutschierte man zum nahe gelegenen Schloss.

Der rund zehn Kilometer lange Elisabeth-Weg beginnt am Bahnhof und ist ein Rundweg, der zum Schloss Possenhofen, vorbei an der Roseninsel und zum Golf-Hotel Elisabeth in Feldafing führt.

34

Literaturcafé Waschhäusl
Hauptstraße 8
82343 Pöcking
0176 93637925
www.literaturcafe-waschhäusl.de

Gemeindebücherei Pöcking
Hauptstraße 8
82343 Pöcking
08157 4871
www.buecherei-poecking.de

LEBENDIGE KULTUR IM HERZEN DES DORFES

Literaturcafé Waschhäusl

Wie entsteht aus einem heruntergekommenen, alten Lagerraum für Sonnenschirme, dem alten Waschhäusl, ein Literaturcafé mit tollen Veranstaltungen? Ganz einfach! Man gründet einen Verein und baut das kleine Gebäude mit möglichst geringem finanziellen Aufwand um. So weit die Theorie.

Die Praxis sah leider anders aus: Zwar hatte Angela Stimmer die Idee eines zentralen Treffpunkts für Kunst und Kultur, doch nur wenige Pöckinger konnten sich so etwas vorstellen. Stimmer gründete 2013 mit damals 16 begeisterten Mitstreitern den Verein *Literaturcafé Waschhäusl*. Nach zähen Verhandlungen und zahlreichen Sachargumenten erhielt der Verein endlich grünes Licht für sein Projekt. Der enthusiastische Funke sprang auf viele Einwohner und Geschäftsleute über.

Mit der Neugestaltung des Waschhäusls konnte – dank großzügiger Geld- und Materialspenden, unentgeltlich arbeitenden Handwerkern und finanzieller Unterstützung der Gemeinde – begonnen werden. Im April 2015 wurde das kulturelle Kleinod in der Ortsmitte neben dem historischen Pfarrhof (mit Gemeindebücherei) feierlich eröffnet.

Das Café mit kleiner Terrasse und Literaturgarten hat an dreieinhalb Tagen pro Woche geöffnet und wird ehrenamtlich von Vereinsmitgliedern betrieben. Im beliebten Dorftreffpunkt finden regelmäßig Konzerte, Lesungen und Ausstellungen statt. Hier treffen sich bei hausgemachten Kuchen und Kaffee aus der Andechser Kaffeerösterei auch verschiedene Stammtische, beispielsweise der Witwenstammtisch. Das sind einige ältere Damen, die sich auf dem benachbarten Friedhof kennengelernt haben.

Die Boule-Spieler freuen sich über die im Literaturgarten 2017 eröffnete Boulebahn. Die Idee eines Treffpunkts für die Dorfbewohner wurde vortrefflich umgesetzt – Chapeau!

Leseratten zieht es in die gut sortierte Gemeindebücherei, die im schön restaurierten Alten Pfarrhaus neben dem Literaturcafé untergebracht ist. Hier finden Sie für Ihren Cafébesuch die passende Lektüre.

35

Metzgerei Lutz
Hauptstraße 26
82343 Pöcking
08158 9073888
Filiale: Hallberger Allee 1
82327 Tutzing
www.metzgerei-lutz.com

Trattoria Garibaldi
Hauptstraße 5
82343 Pöcking
08157 9993322
www.garibaldi-poecking.de

DAS BESTE IST HALT IMMER GUT

Metzgerei Lutz

Qualität, authentischer Geschmack, eigene Schlachtung, regionale Zutaten, umweltbewusste Herstellung und optimale Fachberatung – das sind die Prämissen der traditionsreichen Metzgerei Lutz. Der Familienbetrieb mit einer Filiale in der Hallberger Allee in Tutzing ist stolz auf seine lange Firmengeschichte.

Für den Inhaber, Oliver Lutz, ist es selbstverständlich, alle Teile des Tieres zu verwerten – so wie es früher bei den Altvordern gang und gebe war. Daher werden pro Woche nur zwei Rinder geschlachtet. Aus Respekt vor den Lebewesen wird für die Metzgerei Lutz konsequent selbst geschlachtet und die Schlachttiere wachsen ausschließlich auf verantwortungsbewussten Höfen in maximal 45 Kilometer Entfernung auf. Dabei wird auf eine artgerechte, würdige Haltung der Tiere genauso geachtet wie auf gentechnikfreies natürliches Futter. Ebenfalls Wert legt Oliver Lutz auf nachhaltige, ökologische Produktion nach strengen Richtlinien.

Dauerbrenner – nicht nur zur Grillzeit – ist die Auswahl aus mehr als 15 verschiedenen Bratwurstsorten, zum Teil nach überlieferten Familienrezepten zubereitet, wie die französische Merguez, die italienische Salsiccia oder die keltische Bratwurst. Die Qual der Wahl hat der Kunde auch bei den bis zu 150 unterschiedlichen Wurstspezialitäten wie den Possenhofener Schlossschinken oder die Hirsch-Salami.

Besonders beliebt bei vielen Einheimischen und Firmen des Ortes ist der preisgünstige Mittagstisch. Angeboten werden jeweils zwei frisch gekochte Tagesgerichte. Der Hungrige darf sich beispielsweise auf Rindsrouladen oder Krustenbraten freuen mit – wie sollte es hier anders sein – selbst gemachtem Kartoffelsalat. Ausschließlich freitags werden als besondere Schmankerl Süßspeisen präsentiert. Der hausgemachte Kaiserschmarrn ist ein Traum!

Die Trattoria Garibaldi in der Hauptstraße 5 offeriert Klassiker der italienischen Küche und eine gute Auswahl an Pizzen.

36

Maisinger See
Seestraße (führt vom Ort aus direkt zum See; Weg ist beschildert)
82343 Pöcking-Maising

Maisinger Seehof
Seestraße 14
82343 Pöcking-Maising
08151 744242
www.maisingerseehof.de

Eldorado für Naturliebhaber

Maisinger See bei Maising

Der idyllisch gelegene Maisinger See ist umgeben von einem einzigartigen Moorbiotop, das seit 1941 als Naturschutzgebiet ausgewiesen ist. Es gehört somit zu den ältesten in Deutschland. Lediglich zehn Prozent der 122 Hektar umfassenden Gesamtfläche nimmt die Wasserfläche ein. Die restlichen 90 Prozent bilden eine natürliche Mischung aus Sumpf, Moor und feuchtem Grünland.

Wer zu der empfehlenswerten Wanderung um den See aufbricht, muss auf den markierten Wegen bleiben. Denn an vielen Stellen im Schilfgürtel wächst ein sogenannter Schwimmrasen, der keinen festen Boden mehr unter sich bietet!

In dem Naturschutzgebiet sind seltene Tier- und Pflanzenarten anzutreffen. Die bayerische Lachmöwe, kleinste Möwenart Mitteleuropas, Breitrandkäfer, größter Schwimmkäfer Europas, oder das Sumpf-Glanzkraut, das zur Familie der Orchideen zählt, fühlen sich dort wohl.

Der See wurde um das Jahr 1600 von Mönchen des nahen Klosters Andechs angelegt. Damit sollte die durch die Kriegswirren verarmte Bevölkerung eine neue Nahrungsquelle erhalten.

Die Fläche des Sees schrumpfte von 55 Hektar im Jahr 1825 auf etwa zehn Hektar im Jahr 2018. Verantwortlich dafür ist die zunehmende Verlandung, die durch die geringe Wassertiefe von rund einem Meter begünstigt wird. Wegen dieser geringen Tiefe gefriert das Gewässer im Winter rasch – zur Freude vieler Schlittschuhläufer und Eisstockschützen!

Im Sommer ist der See beliebter Bade-Treffpunkt. Gebadet werden darf aber nur im Osten des Weihers hinter dem Hochwasserdamm. Dieser ersetzte 1885 den 2,50 Meter hohen Damm, der nach starken Regenfällen brach. Das abfließende Wasser richtete damals an den Häusern bis Starnberg schwere Schäden an. Der See wird alle fünf Jahre abgefischt. Hauptsächlich Karpfen und Schleien gehen erst ins Netz, anschließend in den Kochtopf.

Der Biergarten des *Maisinger Seehof* liegt auf dem Damm am Maisinger See. Geöffnet ist von Frühjahr bis Herbst. Zu essen gibt es klassische bayerische Brotzeitgerichte.

37

Schloss Fußberg
Im Schlosspark 15
82131 Gauting
www.remise-schloss-fussberg.de
www.schlosspark-gauting.de

KULTUR UND GAUMENSCHMAUS

Schloss Fußberg

Malerisch am nördlichen Stadtrand gelegen, findet man Schloss Fußberg am linken Ufer der Würm in einer kleinen Flussschleife. Der Name ist an keinem 1. April entstanden, sondern bezieht sich auf das Rittergeschlecht der *Fuß*, die im 12. Jahrhundert lebten. Sie gehörten zu der großen Schar der Beamten, die den Wittelsbachern dienten. 1342 trat das Schloss erstmals urkundlich in Erscheinung.

Sein barockes Aussehen erhielt das Gebäude, das eher einer großen dreigeschossigen Herrschaftsvilla als einem richtigen Schloss gleicht, im Jahr 1721. Der Park wurde in der ersten Hälfte des 19. Jahrhunderts im Stil eines englischen Landschaftsgartens angelegt. Das Schloss sah viele Eigentümer kommen und gehen. 1984 wurde es für zwei Millionen D-Mark an die Gemeinde verkauft.

Die Renovierung der maroden Schlossmauern kostete rund zehn Millionen D-Mark. Durch den verwunschen wirkenden, circa drei Hektar großen Park führt ein Rundweg – vorbei an alten, zum Teil exotischen Baumriesen, wie dem nordamerikanischen Schwarznuss. Für die Restaurierung des alten Pferdestalls fehlten der Gemeinde die notwendigen finanziellen Mittel.

Der 1999 ins Leben gerufene *Förderverein Remise* richtete das Gebäude wieder her. Es ist mittlerweile der Kultur-Treffpunkt in Gauting. Das Schlossgebäude ist an eine große Unternehmensberatung vermietet. Neun Jahre lang setzte sich die Initiative *Rettet das Schlosscafé* für ein Café im Schlosspark ein. Nachdem die Gemeinde das entzückende Salettl für 190.000 Euro umbauen ließ, konnte im Sommer 2017 endlich das lang ersehnte Café eröffnen. Den Besuchern stehen im Gastraum 30 Plätze und weitere 40 sowohl im Gartenbereich hinter dem Salettl als auch auf der Terrasse mit Parkblick zur Verfügung. Ein erfahrener italienischer Koch bekam den Zuschlag. Die Gautinger freut es!

Mitte Juli findet im Schlosspark der Gautinger Sommernachtstraum statt. Beendet wird die Veranstaltung mit einem furiosen Feuerwerk. www.gautinger-sommernachtstraum.de

38

Kaffeerösterei am Ammersee
Madeleine-Ruoff-Straße 4a
82211 Herrsching
08152 9997037
www.kaffeeroesterei-am-ammersee.de

Hotel Seehof Herrsching
Seestraße 58
08152 9350
82211 Herrsching
www.seehof-ammersee.de

AROMATISCHER DUFT LIEGT IN DER LUFT

Kaffeerösterei am Ammersee

Das rote Herz im Logo der kleinen, aber sehr feinen Kaffeerösterei nahe dem Herrschinger S-Bahnhof und neben der Gemeindebücherei ist Programm. Denn die Inhaberin, Stephanie Leonhardt, betreibt ihr Geschäft mit viel Herzblut. 2017 eröffnete die Herrschingerin ihre Kaffeerösterei am Ammersee.

Für die Kaffee-Sommelière und Kaffeerösterin sind Erfahrungen mit der beliebten Bohne kein Neuland. Sie betrieb zwischen 2007 und 2012 das Café Aroma an der Herrschinger Luitpoldstraße. Damals röstete sie den Kaffee jedoch noch nicht selbst.

Rund 15 verschiedene Sorten und Mischungen bietet die erste Kaffeerösterei in Herrsching an. Der Rohstoff stammt von Kleinbauern aus Mexiko, Kolumbien, Indonesien und Äthiopien. Stephanie Leonhardt liegt viel daran, dass die Bauern faire Preise für ihre mühsame Arbeit bekommen. Wegen des fehlenden Zwischenhandels ist dies in ihrem Fall gewährleistet; dadurch bedingt ist der beliebte Wachmacher jedoch etwas teurer als im Supermarkt. Dafür erhält der Kunde aber auch beste Qualität und ganz unterschiedliche Geschmacksrichtungen, die nur hier zu bekommen sind. Wer die eine oder andere Sorte noch nicht kennt, kann sie direkt im Laden verkosten.

Geröstet wird in der sogenannten Roten Zora, einer großen knallroten Röstmaschine, die unübersehbar mitten im Laden thront. Der Röstvorgang findet bei einer wesentlich geringeren Temperatur als bei industriell hergestelltem Kaffee statt. Somit dauert es etwas länger, bis das jeweilige Aroma sich voll und ganz entfalten kann. Die Kunden der Kaffeerösterei wissen das duftende Prozedere sehr zu schätzen. Wundern Sie sich bitte nicht, wenn hier ein Espresso *Greta* getauft worden ist! Die Auflösung: Greta heißt die Tochter der leidenschaftlichen Kaffeerösterin.

Der Seehof-Biergarten nahe dem Dampfersteg zählt zu den schönsten am ganzen See. Besonders beliebt sind hier Spareribs mit Spezialsauce oder Pizza aus dem Steinofen.

39

Kurparkschlösschen
Scheuermannstraße 3
82211 Herrsching
0157 57557029 (Kulturverein Herrsching)
www.kurpark-schloesschen.org

Eiscafé Riva
Seestraße 50
82211 Herrsching am Ammersee
08152 8509

VERSPIELTES LANDHAUS FÜR GESELLIGKEIT

Kurparkschlösschen

Die Scheuermann-Villa, auch Kurparkschlösschen genannt, dient als wundervolle Kulisse für zahlreiche Veranstaltungen wie Konzerte, Kabarett-Aufführungen und Kunstausstellungen. Organisiert wird die Kultur von dem 2006 gegründeten Kulturverein Herrsching e.V., der sich zur Aufgabe gemacht hat, das kulturelle Leben im Ort zu bereichern und zu fördern.

Gerne wird das Gebäude von Heiratswilligen und für stimmungsvolle Geburtstagsfeiern gemietet. Einheimische bekommen übrigens Sonderrabatt!

Der Park um das Schlösschen, das zu den beliebtesten Fotomotiven am Ammersee zählt, bietet optimale Erholung. Zwischen uralten Bäumen und im Rosen-Pavillon an Deutschlands längster Seeufer-Promenade lässt es sich gut aushalten. Von der Grünanlage bietet sich ein herrlicher Ausblick auf den See, das gegenüberliegende Ufer und – bei Föhn – auf die gesamte Alpenkette.

Dieses beeindruckende Panorama war sicherlich für den Künstler Ludwig Scheuermann (1859–1911) ein weiteres Argument, sich hier im Sommer häuslich niederzulassen. Um gegen mögliche Überschwemmungen gewappnet zu sein (verursacht durch Westwinde in der Herrschinger Bucht), ließ er seine Villa auf einem Sockel errichten.

In dem Haus, das im Stil der italienischen Adelshäuser erbaut ist, feierte der gesellige Scheuermann ausladende Feste. Auch bei den Einheimischen war er ausgesprochen beliebt. Er lud sie regelmäßig in sein Landhaus ein. Seinen guten Kontakten zu den Honoratioren des Ortes war es angeblich zu verdanken, dass die Bahnlinie 1903 bis nach Herrsching ausgebaut wurde, und nicht – wie vorgesehen – nach Stegen.

Davon profitieren der Ort und der dortige Tourismus noch immer, denn Herrsching ist Endstation einer S-Bahn-Linie und damit schnell von München aus zu erreichen.

Auf dem Weg vom Bahnhof zum Dampfersteg kommt man an der Eisdiele Riva vorbei. Ein Stopp muss sein, denn hier gibt es leckere italienische Eissorten in beeindruckender Auswahl!

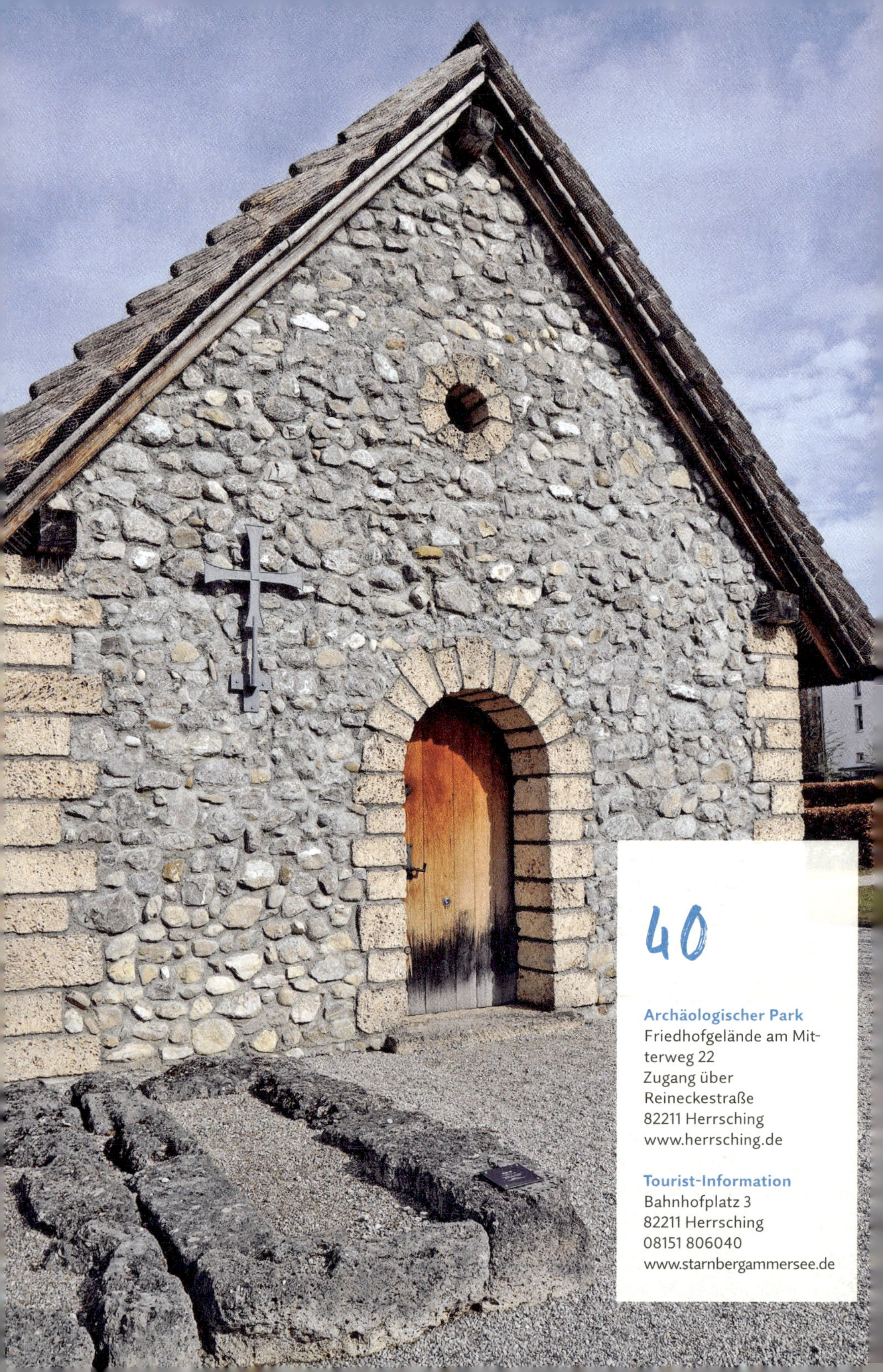

40

Archäologischer Park
Friedhofgelände am Mitterweg 22
Zugang über Reineckestraße
82211 Herrsching
www.herrsching.de

Tourist-Information
Bahnhofplatz 3
82211 Herrsching
08151 806040
www.starnbergammersee.de

ADELSKIRCHE FÜR DIE RÖMER

Archäologischer Park

Bereits zur Bronzezeit (bis 1200 v. Chr.) übte der beliebte Ferien- und Erholungsort Herrsching magische Anziehungskraft auf Siedler aus, wie Ausgrabungen (Scherben und Keramik) beweisen. Wen wundert's bei der herrlichen Lage direkt am Ammersee! Auch die Römer wussten, wo es sich gut lebt! Sie ließen sich diese herrliche Idylle direkt am Wasser nicht entgehen! Funde aus der Römerzeit (15 v. Chr. bis 400 n. Chr.) wie das Fundament eines Steinhauses sowie eines Trockenofens, Münzen, Scherben und ein Grabstein belegen dies. Der römische Grabstein stammt aus der zweiten Hälfte des 2. Jahrhunderts n. Chr. und schmückt jetzt die Außenwand des zauberhaften barocken Gotteshauses St. Michael im nahen Widdersberg.

Aus dem frühen Mittelalter (400–788 n. Chr.) stammen die gefundenen Gräber. Vor allem das entdeckte Tuffkammergrab mit menschlichen Skelettresten erregte die Neugierde der Wissenschaftler. Man fand heraus, dass es sich um ein Adelsgrab der Merowinger-Zeit handelt, also ein Grab des ältesten Königsgeschlechts der Franken. Das nahe, fast vollständig erhaltene Fundament stammt von einem frühchristlichen Gotteshaus aus dem 7. Jahrhundert.

Um möglichst vielen Interessierten die sensationellen Funde von außergewöhnlicher Qualität zugängig zu machen, gründeten engagierte Herrschinger den *Freundeskreis Archäologischer Park,* der 2010 vom *Verein für Archäologie und Geschichte* abgelöst wurde.

1995/1996 wurde die Steinkirche, die sogenannte Adelskirche, wieder aufgebaut und ist beeindruckender Mittelpunkt des archäologischen Parks. Steine markieren die ehemaligen Gräber, Info-Tafeln erzählen spannende Geschichten dazu. In der Kirche gibt es eine kleine Ausstellung mit einem Holzmodell des Gotteshauses und etliche Fundstücke (Replikas) zu entdecken.

Carlas Kaffeehaus in der Seestraße 44 ist gemütlich und gleicht einem Wiener Kaffeehaus. Beliebt ist der täglich wechselnde Mittagstisch. Unbedingt die Pralinen probieren! www.carlas-kaffeehaus.de

41

Hotel Gasthof zur Post
Andechsstraße 1
82211 Herrsching
08152 396270
www.post-herrsching.de

OH WANDERER, VERWEIL NUR HIER

Hotel Gasthof zur Post

Im Gasthof zur Post (mit Hotel), der 1456 erbaut wurde und unter Denkmalschutz steht, erhält der Gast Fairtrade-Produkte; ebenso wie in zahlreichen Herrschinger Einzelhandelsgeschäften, Cafés und Restaurants. Deshalb darf sich die Gemeinde seit 2010 »erste Fairtrade-Gemeinde in Oberbayern« nennen und reiht sich damit in die rund 800 Fairtrade-Towns weltweit ein, neben Städten wie Rom, London und Brüssel.

An den Außenseiten hat die *Post* eine überdimensionale Speisekarte aufgestellt, welche die Besucher auf den Gasthof aufmerksam machen soll. Denn die Wirtschaft liegt zwar mitten in Herrsching, aber nicht direkt am Seeufer. Dafür führt der Wanderweg zum Kloster Andechs direkt am Haus vorbei – der Wander-Klassiker schlechthin, den man von Herrsching aus unternehmen kann.

Jene zahlreichen Wandersleut und Pilger möchte man mit folgendem Reim in den Gasthof locken. »Oh Wanderer, verweil nur hier – beim besten Augustiner Bier! Ruft auch der Berg, bewahr die Ruh' und hör ihm von hier unten zu!« ist auf einem Plakat zu lesen. Nett ist auch die Idee, Wanderstöcke für beispielsweise den Anstieg auf den Andechser Berg zu verleihen.

Alljährlich publiziert die *Post* einen eigenen Kalender, der an die Gäste verschenkt wird. Und noch etwas ist in der *Post* einmalig: Hunde sind hier ausdrücklich erlaubt. Die Vierbeiner werden mit einem Drei-Gänge-Hundemenü verwöhnt.

Bei der *Post* stehen sehr lecker zubereitete bayerische und steirische Gerichte auf der Speisekarte, wie Steirisches Backhendl, gesottene Ochsenbrust, saures Züngerl oder ofenfrische Spanferkelbrüstchen. Purer Genuss – einfach wunderbar!

Übrigens ist der direkt am See gelegene Ort Herrsching am Wochenende beliebtes Ausflugsziel vieler Münchner. Mit etwa 10 Kilometern Länge gilt die Seepromenade als die längste Deutschlands.

Der 9,4 Kilometer lange Rundweg zum Kloster Andechs führt vom S-Bahnhof Herrsching zur Kirche St. Martin, dann über Erling zum Kloster und zurück durch das Kiental. www.starnbergammersee.de

42

Hotel garni zur Post
Starnberger Straße 2
82346 Andechs-Erling
08152 91820
www.hotelzurpost-andechs.de

Alte Dorfschmiede
Besengaßl/Starnberger Straße
82346 Andechs-Erling
www.heimatverein-erling-andechs.de

TRADITION IN BAYERISCHER IDYLLE

Hotel garni zur Post in Erling

Das beeindruckend schöne Gasthaus zur Post mit seinem markanten Walmdach ist denkmalgeschützt. Damit korrespondiert es perfekt mit der Pfarrkirche St. Vitus, einem spätgotischen, ebenfalls denkmalgeschützten Bau am Dorfplatz.

Das Gasthaus kann mit einer langen Geschichte aufwarten, die eng mit der der Region verbunden ist. Die 1803 in Starnberg eingerichtete erste Thurn und Taxis Posthalterei versorgte beispielsweise auch den Ort Andechs samt Kloster mit Post. 1862 eröffnete die erste Poststation in Erling. Ab 1875 verkehrte eine Postkutsche, die sechs Personen Platz bot. Beim Gasthof zur Post wurden die Pferde gewechselt.

Heute wird die *Post* bereits in der sechsten Generation geführt. Als die Wirtsleute das Anwesen übernahmen, strukturierten sie den Betrieb um. Notgedrungen, denn die Küche der beliebten Gastwirtschaft durfte aus Denkmalschutzgründen nicht angemessen umgebaut werden.

Heute findet man in dem traditionellen Familienbetrieb eine interessante Mischung aus drei Gewerbebetrieben, die unterschiedlicher nicht sein könnten. Aus der Gastwirtschaft wurde ein Hotel. In die ehemalige Metzgerei zog 1992 eine Wildmetzgerei (www.wild-andechs.de) ein und offeriert von Oktober bis März köstliche Wildspezialitäten. Zu den angebotenen Schmankerln zählen Raritäten wie Leberkäse und Wiener Würstchen, produziert aus Hirschfleisch. Sämtliche Produkte werden, das versteht sich von selbst, ohne Konservierungsstoffe hergestellt. Das Rotwild stammt aus dem eigenen Wildgehege.

Um den Kunden viele Ideen für die Zubereitung von Wildgerichten mit auf den Weg zu geben, wurde ein Wildkochbuch erstellt, das nur im Hotel und in der Wildmetzgerei erhältlich ist. In »Hembergers Frühstückscafé« fühlt man sich wie im eigenen Wohnzimmer. Im gemütlichen Ambiente genießt man unter anderem hausgemachte Torten und Kuchen sowie selbst aufgebrühten Kaffee.

In dem über 500 Jahre alten Schmiedhäusl der Erlinger Dorfschmiede vor der Kirche wurde ein kleines Schmied-Museum eingerichtet. Geöffnet von April bis Oktober.

48

Kloster Andechs
Bergstraße 2
82346 Andechs
08152 3760
www.andechs.de

DIE FROMME HELENE AUF DEM HEILIGEN BERG

Kloster Andechs

Der idyllisch auf einem Höhenrücken zwischen dem Ammersee und dem Starnberger See gelegene Ort Andechs ist auch wegen seiner Molkerei bekannt. Das 1908 als Käserei gegründete Familienunternehmen hat sich bis heute zur größten deutschen Bio-Molkerei gemausert. Aber natürlich assoziiert fast jeder mit Andechs das hier ansässige Kloster und die sieben Biersorten, welche die Benediktinermönche auf dem sogenannten Heiligen Berg brauen und abfüllen. Der jährliche Bierausstoß liegt bei über 100.000 Hektoliter.

Kloster Andechs ist der älteste und – nach Altötting – der zweitgrößte Wallfahrtsort Bayerns. Die zauberhafte dreischiffige Wallfahrtskirche, offiziell *Wallfahrtskirche St. Nikolaus und Elisabeth* genannt, wurde 1423 bis 1427 erbaut. Die wundervollen Rokoko-Verzierungen und die vier opulenten Deckenfresken im Inneren des Gotteshauses stammen von dem bekannten Stuckateur Johann Baptist Zimmermann (1680–1758) aus Wessobrunn. Die Kirche wird wegen ihrer ausgezeichneten Akustik gerne für Konzerte genutzt wie beispielsweise bei der Veranstaltungsreihe *Orgelherbst* mit internationalen Organisten. In der *Schmerzhaften Kapelle*, einer Seitenkapelle, fand der berühmte Komponist und Musikpädagoge Carl Orff (1895–1982) seine letzte Ruhestätte.

Doch zurück zu weltlichen Dingen! Denn auf dem Klosterberg wird natürlich auch für weltliche Genüsse gesorgt: Das Bräustüberl, über Jahrhunderte hinweg beliebte Pilgergaststätte, der 1438 als herzogliche Tafernwirtschaft erbaute Klostergasthof und die große Terrasse mit grandiosem Weitblick sind beliebte Ausflugsziele, nicht nur für Pilger!

Auch der Zeichner und Dichter Wilhelm Busch (1832–1908) war gerne Gast. In Andechs entstand das zwölfte Kapitel *Die Wallfahrt* der Bildgeschichte *Die fromme Helene.* Ob die dichterische Inspiration vom Bier oder der gemütlichen Atmosphäre kam, ist nicht überliefert.

Das Kloster ist auch ein Ort für zahlreiche kulturelle Veranstaltungen wie das *Carl Orff Fest*, Orgelmatineen oder die AMMERSEErenade. www.andechs.de, www.carl-orff-fest.de, www.ammerseerenade.de

44

Kupfermuseum Fischen
Herrschingerstraße 1
82396 Pähl-Fischen
08808 9219131
www.kupfermuseum
fischen.de

Andechser Kaffeerösterei
08808 92461004
www.andechser-
kaffeeroesterei.de

Alles glänzt in rotem Gold

Kupfermuseum Fischen in Fischen

Durch Fischen am südlichen Ende des Ammersees verläuft der beliebte König-Ludwig-Wanderweg, der jährlich viele Wanderer anzieht. Der Ort wartet noch mit einem weiteren Highlight auf! Das Kupfermuseum, Privatsammlung eines Kunsthändlers, ist das weltweit einzige Museum für das rote Gold. Über 1.100 Exponate gibt es in den ansprechend gestalteten Ausstellungsräumen in einem denkmalgeschützten Gutshof zu entdecken.

Das Spektrum der Exponate reicht von über 5.000 Jahre alten Gegenständen bis hin zur Neuzeit mit Schwerpunkt auf Gebrauchsgegenständen aus dem 17. bis 19. Jahrhundert. Das Museum ist nach unterschiedlichen Themen aufgebaut. In einem Zimmer werden beispielsweise Töpfe und Pfannen präsentiert, die aus der Schlossküche von Herzog Ernst August von Hannover stammen. Erkenntlich an dem Schlagstempel *Krone und Welfenroß*. Einblick in die Hofküche von Herzog Max in Bayern, Vater der berühmten Kaiserin Elisabeth, erhält man anhand der Exponate, die den Stempel *SP* (Schloss Possenhofen) tragen. Eine mit etlichen Nieten mehrfach geflickte Stiel-Kasserolle beweist, dass auch im herzoglichen Haushalt sehr sparsam gewirtschaftet wurde! Die Töpfe, die mit einer Krone gekennzeichnet sind, stammen aus der Zeit, als Max Joseph zum König erhoben wurde.

Ebenfalls sehr wertvoll sind die feuervergoldeten sakralen Gegenstände, die aufwendig, meist von Goldschmieden angefertigt wurden. Die Abteilung für islamische Kunst stellt eindrucksvoll unter Beweis, dass es im Orient noch immer sehr gute Kupferschmiede gibt, ein Handwerk, das in unseren Breitengraden bereits ausgestorben ist. Genau wie das der Kesselflicker. Im Museums-Shop besteht die Möglichkeit, neue oder historische Kupferobjekte mit der dementsprechenden Patina zu kaufen.

Gegenüber dem Kupfermuseum werden in der Andechser Kaffeerösterei leckere selbstgebackene Kuchen und köstliche Kaffeespezialitäten angeboten.

45

Pfarrkirche St. Remigius
Kirchenweg 1
82399 Raisting
www.pg-prw.de

HIER IST DIE WELT NOCH IN ORDNUNG

Pfarrkirche St. Remigius

Etwa fünf Kilometer südlich des Ammersees, traumhaft schön vor beeindruckender Alpenkette, liegt Raisting. Der Ort ist überregional vor allem durch seine Erdfunkstelle mit den weithin sichtbaren riesigen Parabolantennen bekannt. Raisting hat alles, was ein echtes bayerisches Dorf ausmacht: ein traditionelles, uriges Wirtshaus, bei dem die gern besuchte Kegelbahn nicht fehlen darf, bestens restaurierte historische Bauernhäuser, den ausgesprochen aktiven Heimat- und Trachtenverein, eine eigene Sprache, das *Roaschdingerische*, eine Mischung aus Schwäbisch und Bayerisch, sowie ein prächtiges Gotteshaus, das – wie es sich in Bayern gehört – mitten im Ort liegt!

Namenspatron der Pfarrkirche mit wundervoller Rokoko-Ausstattung, bei der an üppigen Stuckverzierungen nicht gespart wurde, ist seit 1458 der Heilige Remigius, ein adeliger französischer Bischof. Berühmt wurde er durch die Taufe des Frankenkönigs Chlodwig I. (498) und weiteren 3.000 Franken.

Den Heiligen, der bei Fieber, Pest, Verzagtheit und religiöser Gleichgültigkeit angerufen wird, wählen Eltern im traditionsbewussten Raisting nach wie vor gerne als Pate für Taufnamen. Auch bei der Wettervorhersage hört man auf ihn: »Regen an Remigius (1. Oktober), bringt den ganzen Monat Verdruss!« Das herrliche Deckengemälde im Chor schildert farbenprächtig die berühmte Königstaufe. Vom linken Seitenaltar mit der Anbetung der Hirten, auch Weihnachtsaltar genannt, kann man in einem Bogen das Leben Christi bis hin zur Grablegung am rechten Seitenaltar bildlich verfolgen.

Der Stierkopf am Kanzelknauf unter dem goldenen Relief, das die Verkündigung der Bergpredigt darstellt, steht nicht etwa für die bäuerliche Gegend, sondern symbolisiert den Evangelisten Lukas.

Am dritten Oktobersonntag wird traditionsgemäß die *Raistinger Kirchta* mit einem Festgottesdienst in der St. Remigius Kirche gefeiert. Anschließend geselliges Zusammensein bei Speis und Trank.

46

Heimatmuseum »Alter Pfarrhof«
Herrenstraße 13
82399 Raisting
www.hut-raisting.de

Gasthof Drexl
Pähler Straße 17
82399 Raisting
08807 7919
www.gasthofdrexl.de

AUF SPANNENDER ZEITREISE

Heimatmuseum »Alter Pfarrhof«

Das wunderschön restaurierte Gebäude des Heimatmuseums im Alten Pfarrhof in der Herrenstraße fällt sofort auf. Im Sommer zieren üppig blühende Blumenkästen die Außenfassade. Erstmals erwähnt wurde der prächtige Bau im Jahr 1328. Das Gebäude mit Steilsatteldach stammt aus dem Jahr 1745, wie die Jahreszahl an der Ostfassade verrät. Als 1914 der Pfarrer in den Kirchenweg umzog, übernahm die Gemeinde das Haus, das sie für ihre Gemeinderatssitzungen nutzt.

Sieben Zimmer in dem historischen Haus sind für das liebevoll ausgestattete Heimatmuseum im Alten Pfarrhof reserviert. Bereits 1991 begann der rührige Heimat- und Trachtenverein Raisting-Sölb e.V., in zwei Räumen ein kleines Heimatmuseum zu eröffnen. Die Zahl der Exponate stieg, sodass Ende 1996 vier weitere Räume und 1999 ein zusätzliches Zimmer bestückt werden konnten.

In dem angebauten Stadel können historische landwirtschaftliche Geräte besichtigt werden. Zu bestimmten Anlässen, wie beispielsweise zum Kirchweihsonntag, informieren Vorführungen über Arbeitsweisen vergangener Zeiten.

Im Museum kann der Besucher eine Reise in die Vergangenheit unternehmen. Zu entdecken gibt es einen echten Krämerladen eines ehemaligen Krämers in Raisting. Oder ein Schulzimmer mit Schultafel und Griffel. Die Schusterei präsentiert original Werkzeuge und Materialien eines Schusters aus Raisting. Auch hier besteht der direkte Bezug zum Ort. Wie mühsam früher die Frauen die Wäsche gewaschen haben, erfährt man in der historischen Wäscherei.

Die wunderschön bemalten Bauernmöbel im Otto-Hellmeier-Zimmer stammen aus dem Nachlass des berühmten Künstlers. Der Naturkunderaum zeigt, wie ungeheuer vielfältig die Flora und Fauna rings um den schmucken Ort Raisting ist.

Der gemütliche Gasthof Drexl verfügt über einen eigenen Fischweiher. Daher werden leckere Fischspezialitäten angeboten. Schöne Zirbelstube mit Kachelofen!

47

Kulturhaus
Otto Hellmeier
Wielenbacher Straße 13
82399 Raisting
08807 91857
www.otto-hellmeier.de

EIN MANN UND SEINE ZWEI LIEBEN

Kulturhaus Otto Hellmeier

Der 1908 in Weilheim geborene Otto Hellmeier (1908–1996) war ein hochbegabter Künstler. Sein beträchtliches Vermögen, das er in seiner Raistinger Zeit erlangt hatte, ermöglichte 1991 die Gründung der Otto-Hellmeier-Stiftung. Diese unterstützt zum einen die Bekämpfung der Krebs- und Zuckerkrankheit. Zum anderen bewahrt sie den künstlerischen Nachlass des Stifters. Ein Teil seiner Werke kann im modern gestalteten Kulturhaus Otto Hellmeier besichtigt werden. Das Kulturhaus dient auch als Bühne für ganz unterschiedliche Veranstaltungen wie beispielsweise Konzerte, musikalische Lesungen und wechselnde Kunstausstellungen mit hauptsächlich regionalen Künstlern. Wie die aus dem nahen Landsberg stammende Malerin Katinka Schneweis. Oder dem aus Herrsching stammenden renommierten Gitarristen Ricardo Volkert. Dem Stifter hätte es sicherlich gefallen!

Nachdem Otto Hellmeier die höhere Schule erfolgreich beendet hatte, begann er sein Ingenieurstudium. Doch schon bald merkte er, dass seine große Liebe nicht dem Ingenieurwesen, sondern der Musik gehörte. Kurzerhand brach er das Studium ab und schrieb sich am Münchner Konservatorium ein. Diesmal war es ein Studium ganz nach seinem Geschmack, das er mit Bravour abschloss! Als ausgebildeter Musiker spielte er mit seiner Klarinette oder am Klavier in bekannten Orchestern, trat aber auch als Solist auf.

Sein Herz schlug ebenso für die Malerei. Daher widmete er sich ihr den Rest seines Lebens mit Begeisterung. Schnell wurde er im In- und Ausland bekannt und berühmt. Bis zu seinem Tod war Hellmeier Mitglied der Königlich Bayerischen Privilegierten Künstlergenossenschaft von 1868.

Zu seinen Hauptmotiven zählte die bayerische Heimat. Inspiriert von französischen Impressionisten wie Cézanne entstanden Bilder von Bauernhöfen, Landschaften, Darstellungen von Polling und dem Wörthsee. Er gilt als letzter wahrer Vertreter der Münchner Schule.

Das entzückende Kirchlein, die ehemalige Wallfahrtskirche St. Johann, befindet sich nahe der Erdfunkstelle. Sie liegt ausgesprochen malerisch vor der beeindruckenden Alpenkette.

48

Radom-Erdfunkstelle
Hofstätterweg 1
82399 Raisting
www.radom-raisting.de

Gasthof Zur Post
Floßmannstraße 9
82399 Raisting
08807 92240
www.post-raisting.de

DIREKTER DRAHT ZUM MANN IM MOND

Radom-Erdfunkstelle

Die riesigen 18 Großantennenschüsseln der Erdfunkstelle Raisting recken sich südlich des Ammersees mächtig gen Himmel. Die traumhaft schöne Landschaft vor beeindruckender Alpenkulisse bot ideale Voraussetzungen. Dies ergab eine gründliche Untersuchung von insgesamt elf Standorten in ganz Deutschland. Denn die Hügel, welche die sogenannte Raistinger Wanne umgeben, bilden für die Bewohner einen natürlichen Schutzwall vor schädlichen Strahlungseinflüssen.

1963 wurde die erste Antenne, das Radom, errichtet. Der gewaltige Spiegeldurchmesser beträgt 25 Meter. Drei Stunden dauerte es, bis die 40 Meter hohe weiße Hülle, die die Antenne schützt, aufgeblasen war. *Raistinger Bovist* (benannt nach der kugelförmigen Pilzart) tauften die Einheimischen das Großgebilde, das dem Pilz der Form nach gleicht.

Nach Testübertragungen nahm das 280 Tonnen schwere Radom 1965 seinen regulären Betrieb auf. Zahlreiche politische und gesellschaftliche Ereignisse wurden von dort aus um den ganzen Globus herum übertragen: zum Beispiel 1969 die erste Mondlandung und 1972 die Olympischen Sommerspiele in München. Im Kalten Krieg lief die Leitung des sogenannten Roten Telefons über Raisting. 1985 wurde der Betrieb des Radoms eingestellt und die Antenne zum Industriedenkmal erklärt.

Heute kann die Erdfunkstelle während der Sommermonate sonntags besichtigt werden. Der fünf Kilometer lange Erdfunkstelle-Wanderweg, ein Rundweg mit Startpunkt in Raisting, führt vorbei an den riesigen Antennen und informiert über die Satellitenfunktechnik und die Geschichte der Antennen. Die Akustikstrecke beim Wanderweg besteht aus zwei großen Antennen, die sich in einem Abstand von 40 Metern gegenüberstehen. Wenn man in die einen Antennen hineinspricht, versteht man das Gesagte an der anderen Antenne sehr gut. Ein faszinierendes technisches Experiment!

Der Gasthof Zur Post in Raisting ist beliebter Treffpunkt vieler Einheimischer. Auf der Bühne im großen Saal finden regelmäßig Veranstaltungen statt. Im Keller lädt eine Kegelbahn zu vergnüglichen Abenden ein.

49

Vogelfreistätte Ammersee-Südufer
86911 Dießen
Der Jahnstraße an der Seepromenade ortsauswärts folgen, vorbei am nahen Sportplatz. Anschließend links in einen Weg abbiegen (alles ausgeschildert).

ERLEBEN SIE IHR BLAUES WUNDER

Vogelfreistätte Ammersee-Südufer

Das Ammersee-Gebiet ist stolz auf seine vier Naturschutzgebiete. Eines davon liegt nördlich des Sees, das 525 Hektar große Niedermoor Ampermoos. Das nächste befindet sich im Osten des Gewässers, das 109 Hektar große Herrschinger Moos. Auch der alte Eichenwald, eine Hartholz-Aue nahe Dießen, zählt dazu. Vogelfreunde aber zieht es zu der Vogelfreistätte Ammersee-Südufer, ein 500 Hektar großes Moorgebiet mit Weiden, Erlen, Verlandungsflächen und Feucht- sowie Streuwiesen. Dieses Feuchtgebiet, eines der bedeutsamsten in Bayern, ist durch die Ramsar-Konvention geschützt.

Über 300 Arten leben und/oder brüten dort, darunter Kiebitz, Stockente, Graugans, Höckerschwan, Teichrohrsänger, Schwarzmilan, Schwarzkehlchen und Kanadagans. Neu angesiedelt haben sich beispielsweise Saatkrähe, Kormoran, Bartmeise und Gänsesänger. Weil es im Mündungsgebiet der Ammer besonders schön ist, haben sich etliche Wasservögel aus Nordeuropa diese Gegend zum Überwintern ausgesucht. Wie Tafelente, Zwergsänger, Blässhuhn und Schellente.

Unter Zugvogelfamilien hat es sich inzwischen herumgezwitschert, dass sich das »Hotel« Ammersee-Südufer bestens als erholsamer Zwischenstopp eignet, im Herbst auf dem Weg in den Süden oder im Frühjahr auf dem Rückflug. Großer Bachvogel, Stelzenläufer, Grünschenkel, Kampfläufer und Bruchwasserläufer geben sich dann ein Stelldichein und sind zu beobachten. Apropos beobachten! Das geht besonders gut vom Natur-Beobachtungsturm Dießen aus. Die besten Tageszeiten hierfür sind der frühe Morgen und der Sonnenuntergang.

Im Mai und Juni erstrahlen die Wiesen um das Ammerdelta nicht im gewohnten Grün, sondern herrlich blau. Der intensive Farbton stammt von den Blüten der Sibirischen Schwertlilie. Übrigens der größte Gebietsbestand in ganz Bayern. Fotoapparat nicht vergessen!

Wer das Naturschutzgebiet besucht, sollte sich vorher unbedingt über die Vorschriften und Regeln informieren! Zum Beispiel unter www.tournatur.bayern.de. Mit Terminen für geführte Touren!

50

Schacky-Park
Vogelherdstraße
86911 Dießen
08807 6439
www.schacky-park.de

Wirtshaus am Kirchsteig
Am Kirchsteig 30
86911 Dießen
08807 7286
www.wirtshaus-am-kirchsteig.de

Vom Dschungel zum Schmuckstück

Schacky-Park

Der in München lebende Ludwig Freiherr von Schacky, königlicher Kämmerer und Oberstleutnant a. D., erwarb zusammen mit seiner Frau Julia 1903 ein weitläufiges Hanggrundstück am südlichen Rand Dießens. Damit verwirklichten sie ihren »grünen« Traum und ließen den Schacky-Park anlegen, dem Münchner Englischen Garten nachempfunden.

Als technische Sensation galt die elektrische Beleuchtung des Parks. Das Elektrizitätswerk in St. Georgen (oberhalb von Dießen) stellte hierfür einen jährlichen Pauschalbetrag von 250 D-Mark in Rechnung. Um den ungetrübten Blick auf seinen geliebten Park zu gewährleisten, ließ Freiherr von Schacky sämtliche Elektroleitungen unterirdisch verlegen – ein absolutes Novum! Reiste der Freiherr mit seinen Gästen aus München an, stimmte der Blick vom gegenüberliegenden Seeufer hinüber zum festlich illuminierten Landsitz auf stimmungsvolle Feste ein.

In der Folge mehrfachen Besitzerwechsels des Parks nach dem Tod des Freiherrn im Jahr 1913 verwilderte das großzügige Landschaftsareal allmählich: Wertvolle Statuen, Putten, Brunnen sowie der Monopterus verfielen zusehends.

Bis 2003 weideten zwischen historischer Kunst die Kühe der Kongregation der Barmherzigen Schwestern des Heiligen Vinzenz von Paul. 2005 erweckte der neu gegründete Förderkreis Schacky-Park Dießen am Ammersee e.V. zusammen mit der Marktgemeinde den Dschungel zu neuem Leben. Wer durch den Park spaziert, kommt vorbei an historischen Brunnen wie der *Neugierde* mit bärtigem Flussgott, dem Frischbrunnen, der von einem mächtigen Bergahorn beschützt wird, oder dem Delphinbrunnen inmitten eines kleinen Rondells. Uralte Baumriesen und ein Teich geleiten zum höchsten Punkt des Parks, dem *Monopterus*, der im Sommer eine beeindruckende Kulisse für kulturelle Veranstaltungen bietet.

Das historische Wirtshaus am Kirchsteig serviert »bäuerliche Weltküche«. Die Kleinkunstbühne KIK lädt zu hochkarätig besetzten Aufführungen ein.

51

Pavillon am See
Seestraße 30
86911 Dießen

Arbeitsgemeinschaft Dießener Kunst
Seestraße 30
86911 Dießen
08807 8400
www.diessener-kunst.de

DIESER TON MACHT KEINE MUSIK

Pavillon am See

Im 1939 erbauten, denkmalgeschützten Kunstpavillon in den Seeanlagen spielt die Keramik eine wichtige Rolle. 1934 schlossen sich Künstler und Handwerker des Ortes zur Arbeitsgemeinschaft Dießener Kunst zusammen und stellen seither dort aus. Erklärtes Ziel der Gemeinschaft war und ist es, die bildende Kunst und das Kunsthandwerk in Dießen zu fördern und ihren Bekanntheitsgrad zu steigern. Das »künstlerische Schaufenster des Ortes« zeigt neben interessanten Wechselausstellungen Kunstobjekte aus Keramik, Zinn, Glas oder Holz.

Die unmittelbare Nähe zum Dampfersteg wirkt sich natürlich positiv aus. Denn für zahlreiche Touristen, die im Sommer mit dem Dampfer ankommen, ist der Kunstpavillon ein Anziehungsmagnet. Sie erstehen das ein oder andere Mitbringsel und tragen damit wieder ein Stück Dießener Kunst in die Welt hinaus.

Das Töpferhandwerk hat im Markt Dießen am Ammersee eine lange Geschichte – dem Tonboden um den Ort sei Dank! Bereits im 13. Jahrhundert begannen die Bauern, aus Ton einfache, noch unglasierte Gefäße für den täglichen Gebrauch zu fertigen. Den Durchbruch in Sachen Töpferei schaffte der Ort im 17. Jahrhundert mit einer eigenen Glastechnik, die Dießener Fayence.

Noch immer ist Dießen sehr eng mit der Töpferei verbunden, wie die zahlreichen Ateliers im Ort beweisen. Der sogenannte Keramikweg, ein begehbarer Kunstweg verbindet die verschiedenen Kunstwerkstätten miteinander. Wie auch der weithin bekannte Töpfermarkt in den Seeanlagen, der jedes Jahr an Christi Himmelfahrt beginnt. Auf diesem Markt seine Keramikarbeiten ausstellen zu dürfen, kommt einem Ritterschlag gleich. Von mehr als 400 Bewerbern aus über 13 europäischen Ländern werden nur rund 160 Aussteller ausgewählt.

Das Hotel Seefelder Hof am See verfügt über 49 Betten in modern eingerichteten Zimmern. Zum Hotel gehören ein Restaurant mit Fischspezialitäten und ein gemütlicher Biergarten.
www.seefelder-hof.de

52

Der Diez
Untermüllerplatz (bei der Gastwirtschaft Unterbräu)
86911 Dießen

Tourist-Information Dießen
Bahnhofstraße 15
86911 Dießen
08151 906010
www.starnbergammersee.de
www.diessen.de

DER MANN MIT DEM GOLDENEN FISCH

Statue *Der Diez*

Der schmucke traditionsreiche Luftkurort Dießen verfügt seit dem Sommer 2016 über ein neues Wahrzeichen, den *Diez.* Die 2,30 Meter hohe männliche Statue »wohnt« auf einem rund sechs Meter hohen Eichenpfahl auf dem Untermüllerplatz, der sich im Fischerviertel nahe dem See befindet. Sie blickt über den Ort hinweg in Richtung des barocken Marienmünsters. Das Eichenholz stammt aus der französischen Champagne und erinnert daran, dass sowohl der Dießener Bahnhof als auch die historischen Fischerhütten auf bis zu zwölf Meter langen Holzpfählen stehen.

Der goldglänzende Karpfen, den der *Diez* unter dem Arm trägt, hat natürlich auch etwas mit Dießen zu tun. Da der Ort direkt am fischreichen Ammersee liegt, ernährte der See seit jeher etliche Fischerfamilien. Die enge Verbundenheit zur Fischerei findet sich auch im Dießener Wappen wieder, auf dem ein Fisch abgebildet ist.

Der Schöpfer der *Dießener Siegessäule*, der in Dießen lebende und arbeitende Bildhauer Matthias Rodach, ließ sich für die Figur des *Diez* von einem alten Foto inspirieren, das den Dießener Fischer Schwarz zeigt. Der Fisch symbolisiert den Fang, den die Fischer täglich vom See in den Ort brachten und bringen.

Auch der Name *Diez* hat einen Bezug zur Geschichte Dießens. 1039 tauchte zum ersten Mal in den Urkunden der Ortsname *Diezen,* abgekürzt *Diez* auf. Im Althochdeutschen wiederum ist *Diez* eine Abkürzung für Diettrich, was mit Mensch oder Volk übersetzt werden kann. Damit nimmt der *Diez* Bezug auf jeden einzelnen Dießener und auf das Dießener »Volk«.

Die Namensfindung ist einem Wettbewerb zu verdanken, zu dem der Bildhauer aufgerufen hatte. Aus rund 180 Einsendungen wählte eine sechsköpfige Jury den Namen für die Figur aus. Die Siegerin erhielt einen Abguss der Figur im Maßstab 1:10.

Die alteingesessene Dießener Fischerfamilie Simon Rauch verkauft vor ihrem Anwesen in der Mühlstraße 40 selbst geräucherte Fischspezialitäten und lecker schmeckende Fischsemmeln.
www.fischerei-rauch.de

58

Zinngießerei Schweizer
Herrenstraße 17
86911 Dießen
08807 350
www.schweizerzinn.de

Café Vogel
Johannisstraße 4
86911 Dießen
08807 340
www.cafe-vogel-diessen.de

DIE WELT EN MINIATURE

Zinngießerei Schweizer

Die Zinngießerei Schweizer kann auf ihre mehr als 200-jährige Geschichte stolz sein, denn sie ist die ältestes der Welt. Als Kreuzl- und Bettermacher bezeichnete man früher die Hersteller zinnerner Gegenstände. In der Ammersee-Region haben sie eine lange Tradition.

Einst fertigte die Familie Schweizer in ihrer Werkstatt Zinngeschirr – das Silber des kleinen Mannes – und Devotionalien, die als Souvenirs in viele europäische Wallfahrtsorte verschickt wurden. 1850 erweiterte Weihnachtsschmuck das Programm. Dieser dekorierte sogar das bayerische Königshaus, den Vatikan sowie den Buckingham-Palace. Noch immer dreht sich das Hauptgeschäft um Weihnachten.

Im Raum hinter der Werkstatt lagern mehr als 5.000 Vorlagen für die winzigen Objekte. Es gibt fast nichts, was es nicht gibt: Paläste aus *Tausend und einer Nacht*, Märchenfiguren, Pyramiden, Puppenstuben, Kaufläden, Indianer, Elefanten, Clowns, Osterhasen, Engel, Schiffe und Trachtengruppen. Diese kunterbunte Welt entfaltet sich liebevoll in den Glasvitrinen des Geschäftes.

An der Herstellung der unterschiedlichen Kleinzinn-Objekte hat sich bis heute nichts geändert. Die Motive werden mit einem Mini-Stichel in zwei Schieferplatten graviert, die – zusammengelegt – eine Gussform ergeben. Nachdem der Meister das Zinn auf bis zu 450 Grad erhitzt hat, gießt er es in die doppelseitige Schiefer-Form. Das Metall fließt blitzschnell in alle noch so kleinen Hohlräume und erstarrt sofort nach Abkühlung. Jetzt kann die Form geöffnet werden und heraus spaziert der fertige Rohling. Nun entfernt man alle Kanten, Splitter sowie Auffaserungen und poliert das Endprodukt blitzeblank. Etwa ein Drittel der Figuren wird als Rohling verkauft. Die Kunden bemalen diese individuell nach ihren eigenen Vorstellungen.

Das 1904 gegründete Café Vogel ist wegen seiner selbst hergestellten leckeren Torten und Kuchen beliebt. Im Sommer hat der Cafégarten geöffnet.

54

Kirche Marienmünster
Klosterhof 10
86911 Dießen
www.katholisch-diessen.de
www.starnbergammersee.de

AUSFLUG IN DEN HIMMEL

Kirche Marienmünster

Das Wahrzeichen von Dießen, der markante Turm der herrlichen Kirche Marienmünster, thront hoch über dem Markt. Die ehemalige Klosterkirche des Augustiner Chorherrenstifts korrespondiert mit dem Kloster Dießen auf der anderen Seeseite. Der prachtvolle Bau ist ein Werk des Münchner Barock-Baumeisters Johann Michael Fischer. Die Bauzeit reichte von 1732 bis 1739. Die eindrucksvolle Kirche mit einer Länge von über 70 Metern und einer Breite von über 21 Metern wurde auf den Resten des romanischen und später dann gotischen Vorgängerbaus errichtet.

Berühmte Künstler hinterließen im Inneren des Gotteshauses verschwenderische Pracht: wie der Baumeister François de Cuvilliés der Ältere (1695–1768), der Rokoko-Bildhauer Johann Baptist Straub (1704–1784) oder der venezianische Maler Giovanni Battista Tiepolo (1696–1770).

Absolutes Highlight der barocken Malereien ist das Kuppelfresko des Kunstmalers Johann Georg Bergmüller (1688–1762), der sogenannte Dießener Himmel. 23 Meter über dem Fußboden wird farbenfroh die Geschichte des Chorherrenstiftes erzählt. Zu entdecken gibt es beispielsweise 28 Dießener Heilige und Selige; wie den heiligen Rasso mit blauem Umhang, der den Bauplan seiner Wallfahrtskirche in Grafrath trägt.

Rechts daneben steht die heilige Mechthild von Dießen, eine Heilige, die noch immer im Ort sehr verehrt wird. Bei Gewitter, Kopfweh und Augenleiden erwarten die Menschen von ihr Hilfe. Ihre Gebeine ruhen in einem Glassarg auf der linken Kirchenseite. Bei dem Mann mit dem weißen Kittel und der blauen Kappe handelt es sich vermutlich um den Maler selbst.

Das barocke Gotteshaus verfügt über eine ganz ausgezeichnete Akustik, die der berühmte Dirigent Leonhard Bernstein für eine Plattenaufnahme des Mozart-Requiems nutzte.

Die Dießener Münsterkonzerte, eine beliebte Veranstaltungsreihe, bietet im Gotteshaus unterschiedliche Aufführungen wie Orgelmatineen an. www.muensterkonzerte-diessen.de

55

Hochseilgarten Ammersee
Fahrmannsbachstraße 2
86919 Utting
08806 9234920
www.hochseilgarten-ammersee.de

Segelschule Ernst
Im Freizeitgelände 10
86919 Utting
08806 534715 (Bootsverleih)
www.segelschule-ernst.de

KLETTERMAXE AUF EINEM PIRATENSCHIFF

Hochseilgarten Ammersee

Klettern, Balance halten, Angst überwinden, Kribbeln im ganzen Körper verspüren oder ungeahnte Kräfte mobilisieren. Die Gründe für einen Besuch des mehrfach ausgezeichneten Hochseilgartens nahe dem Ammersee sind genauso vielfältig wie das Publikum dort. Abenteurer aller Altersklassen kommen bei dieser Herausforderung auf ihre Kosten.

Hauptattraktion des an spannenden Angeboten reichen Kletterparks ist das Piratenschiff Wilde Gretel, auf dem man sich richtig austoben kann. Wo sonst lässt sich ein hoher Schiffsmast erklimmen und vom Mastkorb aus einen herrlichen Blick auf den nahen Ammersee genießen?

Alle Klettereien werden selbstverständlich von bestens ausgebildeten Sicherheitstrainern beaufsichtigt. Es können bis zu vier Routen auf vier verschiedenen Höhenstufen erklommen werden. Oben angekommen befindet man sich stolze 13 Meter über der Erde. Eingebaut sind in den Erlebnisrouten Kletterübungen wie zum Beispiel Seilbahn zum Anker, Spinnennetz, Brasilian Highway, Steigbügel und Burma Brücke.

Wer es etwas weniger Blutdruck steigernd angehen möchte, wählt einen der drei unabhängigen Parcours, die bis maximal einem Meter über der Erde liegen. Diese mit einem durchlaufenden Sicherungssystem versehenen Strecken eignen sich auch für kleine Kletterer ab sechs Jahren.

Die Klettereien in der Team-Yacht neben dem Piratenschiff sind besonders bei Gruppen beliebt. Die (notgedrungene) Zusammenarbeit hoch oben auf den Kletterseilen verbessert die Teamfähigkeit und schafft untereinander (wieder) Vertrauen. Kompetente Teamtrainer stehen hilfreich zur Seite. Das Erlebnis »Gemeinsam etwas schaffen« hat schon manche Firma oder Familie wieder enger zusammengeschweißt! Während der Wintermonate ist der Hochseilgarten – wetterbedingt – geschlossen.

Die Segelschule Ernst in Utting beim Dampfersteg verleiht Segel-, Tret-, Elektro- und Ruderboote sowie SUB-Boards. An Sommerwochenenden ist eine vorherige Reservierung empfehlenswert! www.segelschule-ernst.de

56

Denkmal »Drei Bauern unter einem Hut«
Anhöhe am »Sonnendachl«, erreichbar vom Parkplatz des Sportgeländes an der Auraystraße
86919 Utting

Tourist-Information Utting am Ammersee
Eduard-Thöny-Straße 1
86919 Utting
08806 920213
www.utting.de

Drei Bauern unter einem Hut

Denkmal *Drei Bauern unter einem Hut*

»Wenn man drei Bauern unter einen Hut bringen will, muss man zwei erschlagen«, lautet ein altes bayerisches Sprichwort. Die erfolgreiche Flurbereinigung in der Gemeinde Utting zeigt hingegen, dass auch andere Lösungen möglich sind. Für die Realisierung wurden zahlreiche kleine Felder zu einer 21 Hektar großen Fläche zusammengefasst, die jetzt dem Natur- und Landschaftsschutz dient. Entstanden ist ein schönes Wanderparadies mit zahlreichen Trockenbiotopen, über 2.400 Bäumen und rund 1.500 Sträuchern – gern genutzte Wohlfühlorte einer vielfältigen Fauna.

Die Bronzestatue *Drei Bauern unter einem Hut* erinnert an diese gelungene Flurbereinigung und sie ist etwas ganz Besonderes. Zum einen, weil es dem Uttinger Künstler Max Bayer wunderbar gelungen ist, das eigentlich Unmögliche, aber dennoch Geglückte – drei Bauern unter einen Hut zu bekommen – mit Augenzwinkern und Witz einzufangen. Die drei Figuren, friedlich unter einem großen Hut vereint, zeigen in entgegengesetzte Richtungen. Zum anderen ist es der besondere Platz, auf dem das Denkmal steht. Hoch auf einem Bergrücken gelegen, bietet sich von hier aus ein traumhafter Panoramablick. Der nahe Ammersee verführt mit einladendem, glitzerndem Wasser, auf dem sich im Sommer viele weiße Segel tummeln. Auf dem Bergrücken gegenüber thront herrschaftlich das mächtige Barockkloster Andechs, Beschützerin des gesamten Fünfseenlandes. Zur Linken erstreckt sich die imposante Alpenkette. An deren rechtem Ende ist die beeindruckende Zugspitze mit ihren markanten Felsformationen zu sehen. Die Bank neben dem Denkmal lädt zum genussvollen Verweilen ein, um in aller Ruhe die herrlichen Aus- und Weitblicke zu erleben. Welch einmalig schöner Ort der Ruhe, der Besinnung und des Glücks!

Im kleinen gemütlichen Café Avalon genießt man köstliche Speisen und Getränke in Bio-Qualität, hausgemachte Kuchen (vollwert oder vegan), fruchtige Smoothies und selbstgemachtes Joghurteis.

57

Künstlerhaus Gasteiger
Eduard-Thöny-Straße 43
86919 Utting-Holzhausen
08806 699 oder
08806 7605
www.schloesser.bayern.de

Pavillion am See
Im Freizeitgelände 4
86919 Utting
08806 7461
www.pavillon-am-see.com

ROMANTISCHE VILLA MIT CHARME

Künstlerhaus Gasteiger in Holzhausen

Der Bildhauer Mathias Gasteiger (1871–1934) und seine Frau Anna Sophie (1877–1954) waren bereits in jungen Jahren ausgesprochen erfolgreich. Er schuf beispielsweise den Dianabrunnen am Münchner Kufsteiner Platz sowie den bekannten Brunnen Brunnenbüberl. Dessen 1895 am Münchner Stachus aufgestellte nackte Figur sorgte damals wegen des fehlenden Feigenblattes an exponierter Stelle für großen Wirbel!

Seine Frau Anna Sophie genoss einen ausgezeichneten Ruf als Blumenmalerin. Die Gasteigers waren begeisterte Segler und kauften sich 1902 ein mehr als vier Hektar großes Grundstück direkt am See, wo sie sich von 1908 bis 1913 ihre Sommerresidenz errichten ließen. Das schmucke Wohnhaus und die dazugehörigen Wirtschaftsgebäude gelten als klassische Vertreter des Münchner Jugendstils.

Das Ehepaar liebte den geselligen Austausch. Sie feierten in dem Haus rauschende Feste. Sehr zum Argwohn der Einheimischen. Berühmte Freunde der Künstler, wie Thomas Theodor Heine, Olaf Gulbransson, Ludwig Thoma und Eduard Thöny, kamen oft zu Besuch. Die Gasteigers nutzten den prächtigen Garten – angelegt im Stil englischer Landschaftsgärten – auch als Freiluft-Atelier. Die beiden Sichtachsen vom Haus aus weisen zu einer knorrigen mächtigen alten Eiche und zum Kloster Andechs, hoch über dem anderen Seeufer.

Der Jugendstilsalon der Villa verzaubert mit herrlichen Jugendstil- und neoklassizistischen Elementen. Im Gebäude ist ein kleines Museum untergebracht, in dem es Skulpturen von Mathias Gasteiger, Gemälde von seiner Frau und historische Fotografien zu entdecken gibt. Die hübsche Bauernstube mit Originalausstattung aus der Gründerzeit dient als beliebtes Standesamt für Heiratswilligen.

Im Sommer lockt das Freizeitgelände direkt am See in Utting. Der Pavillon am See, ein nettes Restaurant mit kleinem Biergarten beim Badegelände, bietet hausgemachte Kuchen, leckere Salate und Brotzeiten.

58

Friedhof bei der Kirche St. Ulrich
Schmiedberg 10
86919 Utting-Holzhausen
www.pg-utting.de

DIE SCHOLLE UND EIN HAUCH VON BOHÈME

Friedhof bei der Kirche St. Ulrich in Holzhausen

Auf dem kleinen Friedhof bei der barocken Kirche St. Ulrich in Holzhausen sind einige berühmte Persönlichkeiten der Künstlervereinigung Scholle begraben: Eduard Thöny (1866–1950), Maler und Karikaturist der 1896 in München gegründeten satirischen Wochenzeitschrift *Simplicissimus*, Walter Georgi (1871–1924), ebenfalls Mitarbeiter der Wochenzeitung und Mitgründer der *Scholle* und das Ehepaar Gasteiger.

Zu weiteren Mitgliedern der *Scholle* zählte auch Paul Neu (1881–1940), dessen Motive als Vorlage für den Maibaum in Holzhausen dienten, und der Maler Fritz Erler (1868–1940), der 1912 im Ort sein Sommeratelier errichten ließ. Von seinen damals berühmten allegorischen Wandbildern entstanden etliche auf dem Land. Heute erinnern Straßennamen an die einstige Bohème, die im Sommer in Holzhausen lebte.

Doch warum wählten die Künstler Holzhausen? Das Dorf liegt 560 Meter hoch über dem See und bietet einen wundervollen Panoramablick auf See und Alpen. Idyllische Landschaft und ländliche Umgebung: Beides zog bereits vor mehr als 100 Jahren magisch einige in München lebende Künstler an.

Die Stadtflüchtlinge ließen sich während der Sommermonate in der ländlichen Idylle häuslich nieder – wie das Künstlerehepaar Anna Sophie (1877–1954) und Mathias Gasteiger (1871–1934), die sich ein Sommerhäuschen direkt am See in Holzhausen bei Utting bauten. An diesem exklusiven Ort legten die beiden den Grundstein für eine Kolonie der 1899 in München gegründeten Künstlervereinigung *Scholle*, Vorreiter des *Blauen Reiters* und der Künstlervereinigung *Brücke*. Der Name *Scholle* stammt von einem Gedicht des Schriftstellers Michael Georg Conrad: »Mußt Deine eigene Scholle beackern, die siebengescheiten Nachbarn laß gackern!«

Nahe der Kirche in Holzhausen, steht eine Weg- beziehungsweise Pestkapelle. Der kleine Satteldachbau ist dem Erzengel Michael geweiht und wurde vom Besitzer des Bauernhofes *Beim Bauern* 1697 errichtet.

59

Historisches Rathaus
Hauptplatz 152
86899 Landsberg am Lech
08191 128246
www.landsberg.de

Tourismusverband Ammersee-Lech e.V.
Hauptplatz 152
86899 Landsberg am Lech
08191 128246
www.ammersee-lech.de

MUSIKGENUSS IN BAROCKER PRACHT

Historisches Rathaus

Das zwischen 1699 und 1702 in mehreren Bauabschnitten errichtete Rathaus bildet das prächtigste Gebäude auf dem Hauptplatz, der reich an schönen historischen Bauten ist. Wundervolle Stuckarbeiten verzieren in verschwenderischer Pracht die Außenfassade des Rathauses. Das Werk (1719–1721) stammt vom berühmten Stuckateur Dominikus Zimmermann, dem Baumeister der weltberühmten Wieskirche in der Gemeinde Steingaden.

Die Fenster wurden von Stockwerk zu Stockwerk höher angelegt, entsprechend der Bedeutung der Räumlichkeiten, die sich hinter dem Glas befanden. Zahlreiche Reliefs erzählen Geschichten von Herrschern, Mut und Standhaftigkeit. Im Giebel thront ein Obelisk – gekrönt vom Auge Gottes.

Der Festsaal des historischen Rathauses macht seinem Namen alle Ehre! Die vier monumentalen Fresken stammen von den Hofmalern Ferdinand von Piloty (1828–1895) und Eduard Schwoiser, der die Bildwerke »Kaiser Ludwig der Bayer stattet Landsberg mit Rechten und Privilegien aus« und »Dreißigjähriger Krieg, Einfall der Schweden« schuf. Das Rathaus dient als Tagungsstätte für den Stadtrat. In der ehemaligen Ratsstube des sogenannten Inneren Rates befindet sich das Trauungszimmer.

Vom Rathaus aus führte einst die alte Salzstraße durch das Schmalztor aus dem frühen 14. Jahrhundert hoch in die Oberstadt zum farbenprächtigen Bayertor aus dem Jahr 1425.

Landsberg liegt an der Romantischen Straße und ist alljährlicher Touristenmagnet. Im Erdgeschoss des Rathauses ist das große Tourismusbüro untergebracht. Der historische Festsaal bildet seit mehr als 40 Jahren den prunkvollen Rahmen für die Rathauskonzerte Landsberg. Die Konzertreihe, fester Bestandteil der Stadtkultur, präsentiert Kammermusik mit internationalen Künstlern. Sehens- und hörenswert!

Das Stadttheater (1878), eines der ältesten Bürgertheater Bayerns, bietet ein abwechslungsreiches Programm. Im Foyer und im Amphitreon wird Live-Musik gespielt. www.stadttheater-landsberg.de

60

Kunstautomat
Spitalplatz 393
86899 Landsberg am Lech
www.kunstautomat.net

GROSSE KUNST ZU KLEINEM PREIS

Kunstautomat

In Landsberg am Lech kann man sich Kunst einfach aus einem Automaten ziehen, genauer gesagt aus einem ausrangierten Zigarettenautomaten. Die sechs Schächte für die einstigen Zigarettenschachteln sind nun mit unterschiedlicher Kunst bestückt. Drei Monate lang können die signierten und nummerierten Arbeiten käuflich erworben werden. Danach wird der Automat wieder mit neuen Kunstgegenständen von sechs neuen Künstlern befüllt.

Nur fünf Euro kostet ein Kunstwerk, jedes natürlich ein Original! Günstiger lässt sich Kunst wohl kaum nach Hause holen. Der Automat hat schon viele Stammgäste, die sich mit diesen Werken eine – im wörtlichen Sinn – kleine Kunstsammlung aufgebaut haben. Er erfreut sich großer Beliebtheit. Beinahe alle Schächte sind lange vor Ablauf der sogenannten Spielzeit bereits geleert. Das liegt sicherlich auch daran, dass der Automat auf öffentlichem Grund steht – dem Spitalplatz am Fuße der Alten Bergstraße. Dadurch lässt sich Kunst rund um die Uhr erwerben.

Die Idee zu diesem bei Einheimischen und Touristen gleichermaßen beliebten Kunstobjekt hatte der 1965 in München geborene Künstler Gregor Netzer, der jetzt in Landsberg am Hauptplatz wohnt. Zusammen mit acht weiteren Kunstbegeisterten gründete er am 11. Mai 2015 den Verein Künstlerforum Kunstautomat Landsberg e.V. und wurde Vorsitzender. Erklärtes Ziel des Vereins ist es, Kunstprojekte zu fördern und damit jungen noch nicht bekannten Künstlern ein öffentliches Forum zu bieten.

Der Kunstautomat steht neben dem Ruethenfest-Brunnen, geschaffen 2001 von Bildhauer Joachim Maria Hoppe. Der Brunnen erinnert an das gleichnamige Fest, eines der größten Kinderfeste Landsbergs. Es wird alle vier Jahre veranstaltet und dauert neun Tage.

Die alte Bergstraße, die vom Spitalplatz zum Kloster führt, ist eine Entdeckung wert. In den historischen bunten Häusern haben sich attraktive kleine Geschäfte angesiedelt. www.alte-bergstrasse.de

61

Autobahn- und Pfarrkirche Maria am Wege
Maria am Wege 1
86949 Windach
www.bistum-augsburg.de
www.windach.de
www.autobahnkirche.de

Café Pavillon
Münchener Straße 17
86949 Windach
08193 8759

Spektakulär und ganz ungewöhnlich

Autobahn- und Pfarrkirche Maria am Wege

Ein Gotteshaus in der Form eines großen Zeltes – eine genauso ungewöhnliche wie passende Architektur. Denn ein Zelt beschützt die Gläubigen und vermittelt gleichzeitig Geborgenheit. Der Entwurf zu dem spektakulären Gotteshaus, der Kirche Maria am Wege in Windach, stammt von dem Münchner Architekten Prof. Josef Wiedemann (1910–2001).

Der charismatische und begabte Künstler prägte maßgeblich die Münchner Architektenschule, in der er unterrichtete. In den 1960er-Jahren zählte sein Architekturbüro zu den renommiertesten in Bayern. Der wegen seiner Architektur umstrittene Bau des Kaufhofs am Münchner Marienplatz stammt von ihm, ebenso wie das von 1968 bis 1971 erbaute Gotteshaus Maria am Wege (mit Pfarrzentrum und separatem Glockenturm), das wegen seiner unmittelbaren Nähe zur Autobahn (Ausfahrt Windach) auch als Autobahnkirche fungiert. Nach dem ersten Spatenstich am 20.10.1968 erfolgte am 23.11.1969 die Grundsteinlegung mit Glockenweihe und am 27.6.1971 die Kirchenweihe.

Der Innenraum des Gotteshauses mit seinem zeltförmigen Holzdach weist einen Grundriss in Form eines unregelmäßigen Zwölfecks auf. Die zwölf Betonpfeiler, auf denen das Zeltdach ruht, stehen für die zwölf Apostel. Der mit Ziegeln belegte Boden senkt sich zur Mitte hin und damit zum Altar leicht ab. Die große Messingscheibe über dem Altar symbolisiert eine Hostie. Das schöne Kreuz aus Südtirol neben dem Seitenaltar stammt aus dem 18. Jahrhundert. Die siebzehn Bilder des Kreuzweges malte der hochtalentierte Autodidakt, der Landwirt Max Raffler (1902–1988) aus dem nahen Greifenberg, extra für die Kirche. Autofahrer und Einheimische nutzen das Gotteshaus gerne zur besinnlichen Einkehr. Neben Gottesdiensten finden auch Konzerte statt.

Das kleine Café Pavillon verwöhnt seine Gäste mit einer Auswahl an köstlichen hausgemachten Kuchen und leckeren, preisgünstigen Gerichten. Im Sommer mit Terrasse.

62

St. Ulrichsbrunnen
Windacher Straße
(am Waldrand rechts, gleich hinter dem Ortsschild von Eresing in Richtung Windach)
86922 Eresing

Gasthaus »Alter Wirt«
Kaspar-Ett-Straße 14
86922 Eresing
08193 8226
www.alter-wirt-eresing.com

HILFT BEI VIELEN ZIPPERLEIN

St. Ulrichsbrunnen

Der heilige Ulrich ist Schutzpatron des Dorfes Eresing. Seine Einwohner benannten deshalb gleich zwei Gebäude nach ihm: die prachtvolle Rokoko-Kirche St. Ulrich im historischen Ortszentrum und den St. Ulrichsbrunnen am Waldrand. Um die Entstehung des Brunnens rankt sich folgende Legende. Der heilige Ulrich, ein Bischof, gelangte nach der Schlacht auf dem Lechfeld am 10. August 955 nach Eresing und rastete mit seinem Gefolge vor dem Ort. An dieser Stelle entsprang kurz darauf eine Quelle.

Franz von Füll, ein vermögender Münchner Kaufmann, erwarb 1596 die Hofmark Windach mit Eresing. Im Jahr 1618 gab von Füll den Bau eines Brunnenhauses über der Quelle und einer dahinter liegenden Kapelle mit Klausnerwohnung in Auftrag. Wer aufmerksam die Stirnseite der Kapelle betrachtet, erkennt einen Stein mit dem Wappen der wohlhabenden Familie. Die karg eingerichtete Klausnerwohnung war noch bis 1968 bewohnt.

Täglich kommen Menschen zu dem Brunnenhaus, um das Wasser zu kosten oder in Flaschen für den Hausgebrauch abzufüllen. Denn dem glasklaren Nass werden heilende Kräfte nachgesagt. Vor allem bei Augenleiden sollen Heilerfolge erzielt worden sein. Manch einer verwendet das Wasser für die Zubereitung von Kaffee.

Interessanterweise enthält das Quellwasser kaum Kalk. Die nur 150 Meter entfernt liegende weitere Quelle, die Eresing mit Wasser versorgt, weist hingegen einen deutlich höheren Kalkgehalt auf.

Einen hohen Stellenwert im Festtagskalender des traditionsbewussten Eresing genießt das Ulrichsfest, das jedes Jahr am 4. Juli gefeiert wird. Nach dem Gottesdienst in der St. Ulrichskirche ziehen die in festlicher Tracht gekleideten Dorfbewohner und zahlreiche Wallfahrer durch den Ort und zum St. Ulrichsbrunnen. Die Wiese vor dem Brunnenhaus ist für viele ein stark zu spürender Kraftort.

Das spätbarocke Gasthaus »Alter Wirt« gibt es seit 1638. In dem angeschlossenen Veranstaltungssaal wird unter anderem hochkarätiges Kabarett geboten.

63

Nähmaschinenmuseum
Kloster St. Ottilien
Erzabtei 29c
(Vom Parkplatz aus ist das Museum bestens ausgeschildert.)
86941 Eresing
08193 710
www.erzabtei.de

Zusammenspiel von Nadel und Faden

Nähmaschinenmuseum im Kloster St. Ottilien

Die Wäscherei in einem Nebengebäude des Klosters St. Ottilien wartet mit einer wahren Kostbarkeit auf, die in Deutschland nur fünfmal und in Europa nur zehnmal zu finden ist – ein Nähmaschinenmuseum. Wer die mit viel Liebe restaurierten und ausgestatteten Räumlichkeiten betritt, begibt sich auf eine interessante Zeitreise durch die über 140-jährige Geschichte der Nähmaschine. Die zum Teil seltenen Exponate sind der Sammlerleidenschaft eines Klosterbruders zu verdanken. Der ausgebildete Herrenschneider hat insgesamt rund 700 Nähmaschinen gesammelt und zum Teil in Eigenleistung restauriert.

380 der aus aller Welt stammenden Exponate wurden der Öffentlichkeit zur Verfügung gestellt, wie das Modell des Amerikaners Elias Howe aus dem Jahr 1866, eines der ersten funktionstüchtigen Nähmaschinen überhaupt. Aus dem Jahr 1924 stammt die erste elektrische Nähmaschine; oder die schicke *Mirella von Necci*, eine italienische Designermaschine aus dem Jahr 1957, die sogar im renommierten Museum of Modern Art in New York ausgestellt wird!

Auch Raritäten dürfen in dem gut bestückten Museum nicht fehlen! Die Kurbelstick-Nähmaschinen verschönerten kunstvoll mit feinster Paramentenstickerei liturgische Gewänder oder kirchliche Textilien. Die massive *Adler* wurde beispielsweise zur Herstellung von schweren Planen und Schuhreparaturen verwendet. Kleine und große Mädchen bekommen glänzende Augen, wenn sie die Sammlung entzückender Puppennähmaschinen entdecken oder die speziellen kleinen Maschinen für Kinder.

Obwohl das Museum nicht groß ist, sollte man sich für die Besichtigung etwas Zeit nehmen. Es gibt viele hübsche kleine Details zu entdecken. Schräg gegenüber vom Museumseingang lädt das kleine Klostercafé mit selbst gebackenen Kuchen und Torten zu einer süßen Pause ein.

Der Hofladen des Klosters bietet hauptsächlich Produkte aus eigener Erzeugung an. Wie Wurst- und Fleischwaren, Eier, Honig, Nudeln und Gemüse.

64

Druckerei des Klosters St. Ottilien
Erzabtei 14a
86941 Eresing
08193 710
www.erzabtei.de

Missionsmuseum der Erzabtei St. Ottilien
Erzabtei 1
86941 Eresing
08193 71280
www.missionsmuseum.de

GESPRÜHTE KUNST AN KLOSTERWÄNDEN

Druckerei des Klosters St. Ottilien

Werden die Wände öffentlicher Gebäude bemalt, ist das meistens keinen Bericht wert. Handelt es sich jedoch um die Wände eines Klosters, die mit Graffiti-Kunst verschönert werden, erregt das mediale Aufmerksamkeit!

Im Jahr 2012 taten sich zehn renommierte Künstler aus sechs europäischen Staaten zusammen und bemalten rund 2.000 Quadratmeter Wandfläche des Kloster St. Ottilien. Mit dabei der russische Künstler Stanislav Scheme, der die Wand der Kloster-Druckerei mit abstrakter Geometrie verschönerte. Genannt wurde das ungewöhnliche Projekt »Heaven meets Earth« und bedeutet im übertragenen Sinn, dass sich im Kloster Himmel und Erde begegnen. Ziel der bildgewaltigen Aktion war und ist es, die in Deutschland weniger bekannte Kunstrichtung Street Art einem breiteren Publikum vorzustellen.

Innerhalb von zwei Wochen überzogen bunte Kunstwerke die altehrwürdigen Klostermauern. Zu erleben gibt es ein Wandbild des bekannten Münchner Sprayers Loomit (Stirnwand der Garage vor dem Haupteingang zum EOS Verlag). 1985, als Graffiti-Kunst noch in den Kinderschuhen steckte, besprühte der damals völlig unbekannte Loomit zusammen mit sechs weiteren Sprayern den sogenannten Geltendorfer Zug am nahen Geltendorfer Bahnhof. Als Strafe für den »Vandalismus« musste Loomit 100 Stunden Sozialdienst ableisten. Der Bahnhof gilt in der Sprayer-Szene als eine der Geburtsstätten des deutschen Graffitis.

Die Idee zu »Heaven meets Earth« stammt von der Klostergalerie in Zusammenarbeit mit dem Eresinger Kulturverein Vis à Vis. Die Akteure haben es sich zur Aufgabe gemacht, zeitgenössische Kunst im ländlichen Raum zu stärken. Spannende Ausstellungen im 2021 eröffneten *KulturRathaus* gegenüber der Kirche St. Ulrich ergänzen perfekt das Kulturangebot des Ortes.

Das Missionsmuseum präsentiert über 6.000 ethnologische Objekte aus Ost- und Südafrika sowie Korea und über 500 Tierpräparate.

65

Fuggerschloss
Schlossweg 2
82299 Türkenfeld
www.tuerkenfeld.de

Gasthof Hartl
»Zum Unterwirt«
Duringstraße 5
82299 Türkenfeld
08193 999517
www.gasthof-hartl.de

WIE AUS DEM MÄRCHENBUCH

Fuggerschloss

Das reizende ehemalige Fuggerschloss könnte glatt einem Märchen entstammen, so zauberhaft sieht es aus! Das haben auch die Honoratioren des Ortes erkannt, denn sie nutzen die schönen historischen Räumlichkeiten seit 1973 als Rathaus. Das Schloss wurde im 13. Jahrhundert als Hofmark erbaut und 1598 von den Grafen Fugger-Kirchberg käuflich erworben. Das schwäbische Kaufmannsgeschlecht lebte in der Freien Reichsstadt Augsburg und nutzte das umgebaute Gebäude als Jagdschlösschen. Damals war Türkenfeld noch von Wäldern umgeben, in denen die illustre Gesellschaft ihre Jagdfreuden ausleben konnte.

Der Dreißigjährige Krieg machte das Schloss dem Erdboden gleich. Das neue Herrschaftshaus entstand um 1660 und diente der Hofmarkverwaltung. 1725 wurde es wieder zu einem barocken Jagdschloss umgebaut. Die Fugger waren bis 1789 Eigentümer.

Seit 1852 ist die Gemeinde stolze Besitzerin dieses repräsentativen zweigeschossigen Gebäudes mit Walmdach. Zuerst zog die Schule ein, nach umfassender Renovierung im Jahr 1973 dann das Rathaus. Die Nebengebäude, früher zum Teil als Stallungen genutzt, sind erdgeschossig und stammen aus dem 18. Jahrhundert. 1998 erwarb die Gemeinde auch dieses Gebäude und sanierte es. Heute dient es als Wohn-, Geschäfts- und Verwaltungshaus.

Zusammen mit dem Schloss und der spätmittelalterlichen Kirche mit Stuck von Franz Xaver Schmuzer ergibt sich ein bezaubernd gestalteter Ortsmittelpunkt. Seit 2012 bildet der Schlosshof eine malerische Kulisse für den Markt, der jeweils am Samstagvormittag abgehalten wird. Auf die Beine gestellt hat den Markttag der Arbeitskreis Sofortmaßnahmen im Rahmen der Dorfentwicklung. Die Marktleute bieten an ihren Ständen frische regionale Lebensmittel an.

Der Traditionsgasthof Hartl »Zum Unterwirt« bietet bayerische Gerichte und Biere aus der Hausbrauerei an. Unbedingt die Ammerseerenke probieren!

Bäckerei Lindner
Landsberger Straße 49
86938 Schondorf
08192 231

Metzgerei Gall
Landsberger Straße 17
86938 Schondorf
08192 213
www.metzgerei-gall.de

IM WINDBEUTEL-PARADIES

Bäckerei Lindner

Kaum zu glauben, aber es gibt noch jene wundervollen Bäckereien, die ihr vielfältiges Gebäckangebot selbst herstellen. Eine solche Rarität ist die alteingesessene traditionsbewusste Bäckerei Lindner, ein Familienbetrieb. Ihr Gebäude hieß einst »Beim Sattlerschuster«, da drei Generationen Sattler unter diesem Dach lebten und arbeiteten. Danach wurde das schmucke historische Haus umbenannt und hieß nun *Beim Spannerjackl*. Der Name leitet sich vom Vornamen Jakob (in Bayern Jackl) ab. Jakob Beinkofer, der aus dem nahen Hofstetten stammte, war von 1879 bis 1888 Besitzer des Anwesens. »Do haben's aber g'spannt« (da haben sie aber gestaunt), soll er ständig gesagt haben, was zum Wortteil *Spanner* führte.

1898 eröffnete der Bäcker Josef Fischer zusammen mit seiner Frau Magdalena in dem Gebäude eine Bäckerei und Mehlhandlung. Damit legten die beiden quasi den Grundstein für den heutigen Laden. Ab 1912 wurde Fischer vom Bäckermeister Johann Baptist Hörtreiter abgelöst. 1933 übernahm Karl Schwarz die Bäckerei, die er zusammen mit seiner Frau Maria führte. Die beiden überließen dann, als sie in Ruhestand gingen, die Backküche ihrem Sohn, dem Bäckermeister Werner Lindner.

Unterstützt wurde er von seiner Tochter, die ebenfalls Bäckermeisterin gelernt hat und heute den Betrieb mit viel Herzblut führt. Sie fing damals praktischerweise im hauseigenen Betrieb an. Im Verkaufsladen, ein kleiner Tante-Emma-Laden, kommen täglich frisch gebackene Brotspezialitäten in die Regale. Der Duft der Backwaren umweht den Hereintretenden geradezu betörend. Zum Angebot gehören aber auch süße Kaloriensünden wie die ausgesprochen leckeren Windbeutel – ein luftig zarter Traum, den man sich nicht entgehen lassen sollte!

Die Metzgerei Gall in der Landsberger Straße bietet Schinken- und Wurstspezialitäten, Bio-Rindfleisch, hausgemachte Brotaufstriche und täglich wechselnden Mittagstisch an.

67

Wilhelm-Leibl-Haus
Bahnhofstraße 1
86938 Schondorf

Schondorfer
Bahnhofstraße 41
86938 Schondorf
08192 5729671
www.schondorfer.de

DAS UNGLEICHE PAAR

Wilhelm-Leibl-Haus

Der berühmte Maler Wilhelm Leibl (1844–1900) erlebte in Schondorf, dem heutigen Unterschondorf, seine sicherlich schönsten, aber auch seine schlimmsten Zeiten. Leibl zählt zu den bedeutendsten Vertretern des deutschen Realismus. Nach einer abgebrochenen Schlosserlehre studierte das fünfte von sechs Kindern Malerei an der Königlichen Akademie in München. Er gründete den Leibl-Kreis, eine Gruppe von Künstlern, die einen ähnlichen Malstil bevorzugten.

Auf der Suche nach ländlichen Motiven machte sich der Künstler 1865 zu Fuß von Türkenfeld nach Schondorf auf, damals noch ein verschlafenes Nest. Doch dem Künstler gefiel's! Er bewohnte von 1875–77 zwei Zimmer im Haus *Beim Bandlfischer* in der heutigen Seestraße Nummer 3.

In Schondorf entstanden seine Bilder *Der Spargroschen*, das den Fischer Josef mit seiner Frau Anna zeigt und *Die Dorfpolitiker* von 1877, fünf Bauern im Gespräch in einer kleinen Bauernstube. Entstanden ist das letztgenannte Bild im Garten des Gasthofes Zur Post, dem heutigen Gasthof Seepost. Der Mann mit der weißen Schürze links im Bild ist der Wirt. Eine Kopie von einem seiner Hauptwerke, *Drei Frauen in der Kirche,* das drei betende Bäuerinnen zeigt, hängt übrigens in der Gaststube des Schondorfer Wirtshauses Zum Wastl.

Der Künstler verliebte sich in die junge hübsche Wirtstochter Resl. Sie stand Modell für das Bild *Das ungleiche Paar.* Ihr Stiefvater lehnte jedoch eine Heirat mit dem wesentlich älteren, nicht besonders vermögenden Leibl ab. Er änderte seine Meinung auch nicht, als Resl schwanger wurde. Der Sohn der beiden sollte nur ein kurzes Leben haben.

Leibl verließ nach diesen schlimmen Schicksalsschlägen Unterschondorf und kam nie wieder zurück. Eine Gedenktafel mit dem *Jäger Anton von Perfall* in den Seeanlagen und der nahe Wilhelm-Leibl-Platz erinnern an den großen Künstler.

Im *Schondorfer* in der Bahnhofstraße, einem netten Restaurant in historischem Ambiente, genießt man internationale Gerichte. Die gepflegte Pension bietet elf Zimmer.

68

Seeanlage
Seestraße
86938 Schondorf

Tourist-Information
Bahnhofstraße 44
86938 Schondorf
08192 8899
www.schondorf-Ammersee.de

Seerestaurant Forster
An der Point 2
86938 Schondorf
08192 219
www.cafeforster.de

KUNST, SPIEL UND SPASS AM WASSER

Seeanlage

Die schöne Seeanlage in Schondorf ist deshalb ein beliebter Treffpunkt, weil sie für jeden einfach das Passende bietet. Genussmenschen erfreuen sich an der malerischen Lage direkt am Ammersee mit Blick auf das beeindruckende Barockensemble, das Kloster Andechs am anderen Seeufer und auf die Alpenkette, die sich hinter dem See-Ende imposant aufbaut. Spannende Hauptattraktion abenteuerlustiger Kinder auf dem Spielplatz im Süden der Seepromenade ist das große Piratenschiff, das in den 1990er-Jahren von einem Landsberger Künstler aus Eichenholz gebaut wurde. Gleich daneben kann man seine Ballkünste, Schlagfertigkeit und Konzentration auf der 2020 komplett sanierten, hübschen Minigolf-Anlage unter Beweis stellen. Diejenigen, die nicht nur am, sondern auf dem Wasser Spaß haben möchten, starten vom Dampfersteg aus zu einer Rundfahrt über den See oder mieten sich ein Tret- beziehungsweise Ruderboot.

Pilger zieht es zur stillen Andacht in das romanische Kirchlein St. Jakobus. Im Inneren des bescheidenen Gotteshauses dominiert ein farbenfrohes Kunstwerk, der barocke Hochaltar (1660/70), der unter anderem den Heiligen Jakobus zeigt. Ein beeindruckend schönes Beispiel von gegenwärtiger Kunst ist die Bronzeskulptur *Die Liegende*. Das lebensgroße Werk des Dießener Bildhauers Matthias Rodach, der auch das Denkmal *Der Diez* in Dießen schuf, zeigt eine klassisch geformte Dame, die ihr hübsches Haupt bequem auf einen Holzsockel bettet. Ihre gewellten Körperlinien setzen sich in den Wellenlinien des Sees fort.

Wenn nach so viel Kunst und Spaß langsam der Hunger aufkommt, laden ein kleines Restaurant mit schöner Terrasse und eine alte Gastwirtschaft mit schattigem Biergarten zu lukullischen Genüssen ein, von denen einige fangfrisch aus dem Ammersee stammen.

Im Sommer verspricht das nostalgische Strandbad Forster aus den 1920er-Jahren Badevergnügen. Auch das dortige Restaurant mit traumhaftem See- und Alpenblick ist empfehlenswert!

69

Zum Aleks
Bahnhofstraße 18
86938 Schondorf
08192 9967382
www.gasthaus-zum-aleks.de

Hanoi Phô
Bahnhofstraße 13
86938 Schondorf
08192 9987832
www.hanoiphoammersee.de

LEBENDIGE WIRTSHAUSATMOSPHÄRE

Gasthaus *Zum Aleks*

Die urige, traditionelle Gastwirtschaft *Zum Aleks* ist eine echte Institution in Schondorf. Sie logiert in der historischen Villa Mader. Das wunderschöne Haus wurde 1898 von einem Bremer – damals am Rande eines freien Feldes – ganz im Stil der Gründerzeit mit schmuckem Rundtürmchen erbaut. Heute befindet sich das Haus an der Bahnhofstraße, eine der beiden Hauptstraßen des Ortes. Die Windfahne mit dem Bremer Wappen schmückt noch immer das Gebäude und erinnert bis heute an seinen Erbauer.

Nach fünfmaligem Besitzerwechsel gelangte das Anwesen 1911 in die geschäftigen Hände von Therese und Sebastian Portenlänger, die hier einen Kolonialwarenladen eröffneten, damals das einzige Geschäft in dem einst noch sehr verschlafenen kleinen Dorf. Ihre Kinder erweiterten sowohl die Räumlichkeiten als auch das Warenangebot und führten das Kaufhaus Portenlänger bis zum Jahr 1923. Von 1907 bis 1958 gab es hier sogar ein Postamt und ab 1923 die erste Schondorfer Raiffeisenbank.

In der gemütlichen, angenehm unprätentiösen Wirtsstube werden solide bayerische Hausmannskost und leckere kroatische Spezialitäten angeboten. Und das zu ausgesprochen moderaten Preisen. Die verschiedenen Bierspezialitäten stammen von einer kleinen regionalen Brauerei. Überhaupt wird beim *Aleks* auf die Verwendung von regionalen Produkten großen Wert gelegt. Je nach Jahreszeit veranstaltet das Wirtshaus seine Themenwochen, wie Bärlauch- oder Wildwochen. Mittwoch ist der bei Jung und Alt beliebte Schnitzeltag. Eine Reservierung ist unbedingt zu empfehlen. Das Publikum ist bunt gemischt und genießt immer wieder gern die Wohlfühlatmosphäre und familiäre Geselligkeit in der historischen Wirtsstube im Herzen des hübschen Ortes.

Das kleine Restaurant *Phô* in der Bahnhofstraße präsentiert authentische vietnamesische Gerichte. Die Speisen werden stets frisch zubereitet. Ohne Glutamat versteht sich!

70

St. Jakobskapelle
Unterschondorf
St.-Jakobs's-Bergerl 2
direkt neben dem
Restaurant Seepost
86938 Schondorf

Pension Schwarz
Seestraße 11
86938 Schondorf
08192 215
www.schwarz-
ammersee.de

VOLLKOMMENER ABLASS ZU GEWINNEN

St. Jakobskapelle

Die St. Jakobskapelle liegt am Jakobsweg. Stolz und hochwasserfest thront sie auf einem Hügel am Seeufer, dem Jakobsbergerl. Sie ist der älteste noch erhaltene Tuffquaderkirchenbau am Ammersee. Chuonradus, ein Adeliger aus Schondorf, ließ das Gotteshaus 1149 errichten. Der wundervolle frühbarocke Hochaltar (um 1670) im Inneren des schlichten Kirchleins stammt von dem Weilheimer Künstler Ambros Degler und dem Kunstschreiner Simon Rhein aus Unterschondorf. Die Mittelnische ziert der Kirchenpatron, der heilige Jakobus der Ältere. Die Inschrift von 1789 über der Eingangstüre »Volkomner Ablaß Zu gewinnen« verweist auf ihre Funktion als Pilgerkirche. Pfarrkirche war St. Jakobus nie.

Lagebedingt und einiger baulicher Eigenheiten wegen, wie beispielsweise die zugemauerte Tür in fünf Meter Höhe, ranken sich viele Mythen und Geschichten um das Gotteshaus. Wegen ihrer *Kathedral*-Wirkung (Name vom Thron der Isis ist *Kathedral*) munkelt man, es könne sich bei dem Bauwerk eventuell um einen ehemaligen Isis-Tempel handeln. Oder gab es Verbindungen zwischen dem Kirchlein und dem Templerorden? Die zwölf Tatzenkreuze, Symbol der Templer, um die Wandleuchter könnten daraufhin deuten! Im oberen Stockwerk befand sich einst ein zweiter Altar. Nutzten die Templer diesen für ihre geheimen Riten? Vielleicht wurde der Bau aber auch auf einem keltischen Kultplatz errichtet, wie die höher liegende St. Anna-Kirche. Immerhin befinden sich im und um den Ort rund 15 Keltenwälle!

Die St. Jakobskapelle birgt bis heute viele Geheimnisse. Eines jedoch ist kein Geheimnis: Wer das Gotteshaus betritt, spürt sofort die ganz besondere Atmosphäre, die in ihm herrscht. Ein wundervoller Ort, an dem man gut zur Ruhe kommen kann. Nicht umsonst dient das Gotteshaus als Pilgerkirche!

Die Pension Schwarz am See verleiht top gepflegte 15-Quadratmeter-Jollenkreuzer, Piraten- und Ruderboote. Am Wochenende bitte reservieren!

71

Studio Rose
Bahnhofstraße 35
86938 Schondorf
0174 1879464
www.studiorose.de

Café Panini
Wilhelm-Leibl-Platz 4
86938 Schondorf
08192 237983
www.cafe-panini-
ammersee.de

WO KREATIVITÄT EIN ZUHAUSE HAT

Studio Rose

Der zauberhafte Ammersee war schon immer Sehnsuchtsort für Künstler unterschiedlichster Couleur. Wen wundert's bei der idyllischen Lage inmitten grandioser Landschaft. Er inspirierte auch die beiden Brüder aus der Malerfamilie Rose zu ihrem kreativen Schaffen: Heinz (1902–1971) und Walter (1903–1964) Rose lebten in Schondorf in einem verwunschen wirkenden Haus. Das Atelier aus den frühen 1930er-Jahren, gleich nebenan, war ihr kreativer Arbeitsplatz und ist heute Ausstellungsraum für viele ihrer Werke. Auch in dem 1987 erbauten, einem sakralen Bauwerk ähnlichen Gebäude, dem Studio Rose, finden regelmäßig kulturelle und künstlerische Veranstaltungen statt. Zu dem Anwesen gehört ein wildromantischer Garten, der – wie das Atelier – besichtigt werden kann und zu angenehmen Verschnaufpausen einlädt.

Und es gibt viel zu entdecken! Der Nachlass der begabten Brüder umfasst mehr als 200 Ölbilder und rund 1.700 grafische Arbeiten. Zu besichtigen hieraus ist ein sorgsam ausgewählter Querschnitt, der bestens einen nachhaltigen Eindruck des Malstils und der Vielseitigkeit der beiden Künstler vermittelt. Neben diesen schönen Impressionen kann man hier auch Wechselausstellungen, Konzerte und Lesungen erleben. An lauen Sommerabenden in dem einladenden Garten, was diesen Veranstaltungen ein ganz besonderes Flair verleiht. Der Fokus liegt meistens auf Künstlern aus der Region, ganz im Sinne der beiden Rose-Brüder. Um Kunstschaffenden eine öffentliche Plattform zu ermöglichen, wurde das Walter-Rose-Atelierstipendium ins Leben gerufen; es bietet kreativ Schaffenden drei Monate lang die Möglichkeit, das Atelier als Arbeitsstätte zu nutzen. Wer möchte, kann sie besuchen und ihnen bei den schöpferischen Prozessen über die Schulter schauen.

Das Café und Restaurant Panini (biozertifiziert) am Wilhelm-Leibl-Platz verwöhnt mit köstlichen Gerichten (auch vegetarisch und vegan). Täglich wechselnder Mittagstisch.

72

Skulptur Einklang
Landsberger Straße 81
82266 Inning-Stegen

Der Fischer
Landsberger Straße 80
82266 Inning-Stegen
08143 992800
www.fischer-ammersee.com

MUSIKNOTEN AUS STEIN

Skulptur *Einklang* in Stegen

Einklang heißt das steinerne mannshohe Kunstwerk auf der Wiese beim Dampfersteg in Stegen. Sein Schöpfer, der Bildhauer Anselm Hoppe, hat aus einem mächtigen Jura-Kalkstein diese grazil und fast schon zerbrechlich wirkende Skulptur geschaffen. Den ursprünglich 1,4 Tonnen schweren Stein spendete eine Naturstein-Firma in Inning am Ammersee.

Ihre Entstehung verdankt die imposante Skulptur dem renommierten Festival AMMERSEErenade. Seit 2014 – alljährlich im Sommer – lockt das weiß-blaue Klassikvergnügen internationale Stars an den See. Seine traumhaft schönen Aufführungsorte liegen rings um den See und sind sehr speziell. Zum Beispiel eine Klosterkirche, ein Braunviehstall oder ein Bootshaus.

Hoppe griff mit seiner Skulptur das Thema Musik auf und schuf zwei ineinander verschlungene Notenhälse, aus denen zwei Metall-Notenfahnen heraus wehen. »Ich wollte aus dem schweren Stein die Leichtigkeit der Musik hervorheben und dem ganzen Werk eine gewisse Dynamik geben«, erklärt der junge Künstler.

Rund 200 Arbeitsstunden investierte Anselm Hoppe in sein Werk. Die Notenfahnen erhielten eine hochkupferhaltige, mit Salzsäure nachgedunkelte Messinglegierung. So gelang dem Bildhauer der spannende Kontrast zum weißen Kalkstein.

Der junge Steinmetzmeister stammt aus einer künstlerischen Familie. Sein Vater, ebenfalls freischaffender Bildhauer, schuf den Ruethenfestbrunnen am Fuß der Alten Bergstraße im Landsberger Hexenviertel. Seine Mutter ist Buchbindemeisterin. Trotz dieser familiären Prägung ist Anselm ein Quereinsteiger. Nach dem Realschul-Abschluss absolvierte er erst einmal eine Lehre zum Versicherungskaufmann. Dann erst begann der begeisterte Abwehrspieler des Football-Teams Landsberg X-Press bei seinem Vater in Thaining die Ausbildung zum Steinmetz.

Der Fischer, ein stylisch eingerichtetes Restaurant mit Strandbar und Eismacherei befindet sich in Sichtweite der Skulptur.

78

MS Utting
Heimathafen an der
Landsberger Straße
beim Dampfersteg
82266 Inning-Stegen
www.seenschifffahrt.de

Zwei Schiffe gehen auf Reisen

MS Utting, Heimathafen in Stegen

Am 7.7.2017 wurde das 34. Schiff der Bayerischen Seenschifffahrt feierlich auf den Namen MS Utting getauft. Das rund 5,4 Millionen Euro teure Vorzeigeschiff bietet Platz für 500 Gäste. Gebaut wurde die äußere, 50,8 Meter lange Hülle des Ausflugsschiffes in einer Werft bei Bonn. Die Innenräume erhielten ihr Aussehen vor Ort.

Der Transport an den Ammersee gestaltete sich abenteuerlich! Bis ins mittelfränkische Roth verlief alles so, wie es sich für ein Schiff gehört: Es schipperte auf dem Main- und Rheinkanal, anschließend auf dem Main-Donau-Kanal. Nach weiteren Etappen musste der Dampfer über den Autobahnring bis zu seinem Heimathafen in Stegen am Ammersee transportiert werden.

Den Schiffsrumpf beförderte ein 68 Meter langer Laster – zu lang für die Autobahnausfahrt bei Stegen. Deshalb erhielt der von Polizeiwagen eskortierte Konvoi eine Sondererlaubnis, die Einfahrt der Gegenspur zu benutzen. Dafür wurde nachts die Autobahn gesperrt und die Mittelplanke abmontiert. Die Aktion wurde erfolgreich abgeschlossen und bald drauf hatte das Schiff wieder Wasser unter dem Kiel.

Ebenfalls spektakulär verlief die letzte Fahrt der ausgemusterten alten MS Utting, die 56 Jahre durch die Wellen des Ammersees pflügte und nach München transportiert wurde. Riesige Kräne hoben den Schiffsrumpf und das abgebaute Schiffsdeck aus dem Wasser und hievten es auf zwei Laster. Mit einer Geschwindigkeit von fünf Stundenkilometern bewegte sich der Tross in die Landeshauptstadt.

Über den für den allgemeinen Verkehr gesperrten Mittleren Ring, vorbei an abgebauten Verkehrsschildern und abgeschalteten Ampeln wurde das Schiff zum Abschluss seiner Reise auf eine Eisenbahnbrücke nahe der Großmarkthalle gehievt und dient dort – nach umfangreichen Umbauten – als neue Eventlocation.

Von Stegen aus werden bei der großen Rundfahrt weitere acht Orte am See angesteuert. Saison ist zwischen Ostern und Kirchweih (3. Oktoberwochenende).

74

Wallfahrtskirche St. Rasso
Klosterstraße 3
82284 Grafrath
www.kulturverein-strasso.de
www.pv-grafrath.de

Riesiger Heiliger hilft in Notfällen

Wallfahrtskirche St. Rasso

Die Wallfahrtskirche St. Rasso im Ampermoos vor Grafrath ist die Grabstätte des heiligen Rasso, Herzog von Bayern. Graf Rasso, auch unter den Namen Rath oder Gráfrath bekannt, war für das Gebiet zwischen Amper, Ammersee und Starnberger See verantwortlich. Das Grab des Kirchenstifters, der zwei Meter groß gewesen sein soll, befindet sich unter der Grabplatte aus rotem Marmor aus dem Jahr 1468. Nachdem die Gebeine des Heiligen mehrmals umgebettet wurden, fanden sie vor 1688 in einem kostbaren Glasschrein auf dem Hochaltar ihre letzte Ruhestätte.

Im Mittelalter begann das Volk den Grafen als Heiligen zu verehren, obwohl er nicht von der Kirche heiliggesprochen wurde. Der heilige Rasso galt als Helfer in allen Notlagen. Bis zu 100.000 Wallfahrer aus Bayern, Kärnten, Schwaben und Tirol pilgerten zu seinem Grab. Die Mirakelbücher verzeichnen von 1444 bis 1728 über 13.000 Berichte über Wunder.

Wegen des enormen Ansturms wurde das Gotteshaus 1593 erweitert. Als auch dieser Platz nicht mehr genügte, entstand von 1688 bis 1695 die neue größere Kirche. Das Grab des Kirchenstifters lag wieder in der Mitte. Den Auftrag für das etwa 41 Meter lange und 15 Meter breite Gotteshaus erhielt der Vorarlberger Baumeister Michael Thumb, der auch das Kloster in Dießen errichtete. Die filigranen Stuckarbeiten im Innenraum stammen von den berühmten Wessobrunner Stuckateuren Feichtmayr und Üblher. Den prächtigen Hochaltar schufen Johann Straub und Ignaz Günther. Am 17. Juli 1695 wurde die Kirche feierlich eingeweiht und die Gebeine des Heiligen Rasso wieder auf ihren angestammten Platz auf dem Hochaltar gebracht.

Das Gotteshaus ist ein nach wie vor gern besuchter Wallfahrtsort. Die ausgezeichnete Akustik im Inneren der Kirche wird für ganz unterschiedliche Konzerte genutzt.

Der etwa 80 Kilometer lange Rasso-Pilgerweg führt rings um den Ammersee mit Stationen im Kloster St. Ottilien und Kloster Andechs. www.rassopilgerweg.de und www.kulturverein-strasso.de

75

Neuer Friedhof
Johannes-Baptist-Ring 4–6
82266 Inning
www.inning.de

Kaiserhaus
Marktplatz 10
82266 Inning

GARTEN DER ERINNERUNG

Neuer Friedhof

Wer den Friedhof in Inning sucht, kann sich einfach an dem rosa gestrichenen achteckigen Turm der Pfarrkirche St. Johannes Baptist orientieren, der schon von Weitem zu sehen ist. Gekrönt wird der Turm durch Doppelzwiebeln, eine Hommage an die heitere Verspieltheit des späten Rokokos, der auch im Inneren des 1783 geweihten Gotteshauses zu finden ist. Die filigran gearbeiteten Stuckarbeiten aus dem Jahr 1767 stammen von dem berühmten Stuckateur Thassilo Zöpf (1723–1807) aus Wessobrunn.

Der Friedhof unweit der Kirche weist eine Besonderheit auf, die lohnt, entdeckt zu werden. 2010 wurde hier ein *Garten der Erinnerung* eingeweiht. Diese Gartenanlage ist die erste Anlage ihrer Art in ganz Bayern! Der alte Friedhof war im wahrsten Sinn des Wortes in die Jahre gekommen. Zahlreiche Gräber zeigten einen ungepflegten Zustand, und die immer größer werdende Nachfrage nach Urnenbestattungen konnte nicht befriedigend gelöst werden.

Um diese Misere zu beheben, war entweder eine neue Urnenwand oder ein Friedwald angedacht. Beides jedoch empfand die Gemeinde als zu kostspielig. Da kam die Idee der seit 1976 in Inning ansässigen Gärtnerei Hübsch gerade recht! Hans-Peter Hübsch regte an, eine mit Grabstelen geschmückte Gemeinschafts-Gartenanlage zu schaffen. Ein Ort der Erinnerung, an dem Trauernde in aller Ruhe ihren Verstorbenen gedenken können, sich aber nicht um Grabpflege kümmern müssen. Eine Ruhebank lädt zum besinnlichen Verweilen ein.

Die Stein-Stelen, Symbole der Ewigkeit, stammen von dem 1893 gegründeten Traditionsbetrieb Hölz aus Seefeld am Pilsensee. Der Besitzer, Steinmetzmeister Thomas Hölz, entwarf die Stelen und plante gemeinsam mit Gärtner Hübsch die Gartenanlage. Die Gärtnerei übernahm die Kosten und sorgt auch für die regelmäßige Pflege der Gedenkstätte.

Das Fries am *Kaiserhaus* erinnert daran, dass Heinrich II. 1021 darin übernachtet haben soll. Der Kaiser zog mit dem Heer nach Italien, um den Papst gegen die Byzantiner zu unterstützen.

76

Eichenallee
an der Staatsstraße
2068 bei Schloss Seefeld
bis Delling
82229 Seefeld

Landgasthof-Hotel-Pilsenhof-Entenbraterei
Neuhoffweg 1–3
82229 Hechendorf am
Pilsensee
08152 79653
www.pilsenhof.de

SCHATTENSPENDER UND NATURDENKMAL

Eichenallee

Graf Anton Clemens von Toerring-Seefeld (1725–1812) holte die Alleen nach Bayern. Er galt als weit gereister Landwirtschaftsexperte und war Präsident der Bayerischen Akademie der Wissenschaften. Anregungen für die Gestaltung einer ersten bayerischen Allee gewann er aus Brandenburg, Ostpreußen und Mecklenburg – hier existierten Alleen schon seit Längerem.

1770 ließ der Graf 765 Eichen entlang des Verbindungsweges von seinem Schloss in Seefeld zur ehemaligen Hofmark Delling bei Wessling und der Schwaige Ettenhofen pflanzen. Die rund 4,7 Kilometer lange und 15 Meter breite Allee sollte nicht nur repräsentative Zwecke erfüllen, sondern wurde auch unter wirtschaftlichen Aspekten angelegt. Das Holz fand Verwendung für den Bau von Gebäuden und die Eicheln dienten als Viehfutter. Der Graf bestimmte peinlich genau, wann Bäume geschlagen werden durften und wie man forstgerecht Jungbäume anpflanzte.

Heute zählt die längste und älteste Allee Europas rund 685 Eichen im Alter zwischen fünf und 250 Jahren. Die Bäume des Kultur- und Naturdenkmals dienen als Nist- und Rastplatz sowie als Lebensraum für zahlreiche heimische Tierarten wie beispielsweise Fledermäuse, Bussarde und Waldkäutzchen. Man geht davon aus, dass die Eichenallee für mehr als 200 Insektenarten ein Zuhause ist. Etliche davon sind vom Aussterben bedroht.

Auch bei der Schadstofffilterung der Luft leisten die alten Riesen wertvolle Dienste. Für deren Pflege und Erhaltung investiert die Gemeinde jährlich etwa 45.000 Euro, denn die rund 13.000 Autos, die tagtäglich entlang der Allee brausen, setzten den Bäumen zu. Die Riesen werden zweimal im Jahr kontrolliert, unter anderem mit Schalltomografie. Manchmal müssen sogar alte Bäume gefällt und durch neue ersetzt werden.

Die traditionelle Gaststätte Pilsenhof in Hechendorf existiert seit 1963. Spezialität des Hauses sind knusprige Enten, die man im Sommer auch im Biergarten genießen kann.

77

Schloss Seefeld
Schlosshof 9
82229 Seefeld
08192 79992
www.schloss-seefeld.de

Kokon
Graf-Toerring-Seefeld-Straße 13
82229 Seefeld
08152 4809491
www.kokon.com

BUNTES LEBEN IN HISTORISCHEN GEMÄUERN

Schloss Seefeld

Oberhalb des Pilsensees thront in zauberhafter Lage auf einem Bergsporn Schloss Seefeld. Urkundlich erwähnt wurde das burgähnliche Gebäude erstmals im Jahr 1302. Seit Mitte des 15. Jahrhunderts befindet sich die großzügig gestaltete Anlage im Besitz der Grafen Toerring-Jettenbach, ein hochadeliges oberbayerisches Adelsgeschlecht.

Graf Hans C. von Toerring-Jettenbach ist vielbeschäftigt. Ist er doch nicht nur Schlossbesitzer, sondern auch Eigentümer des Wörthsees und des Pilsensees. Die beiden Seen sind seit etwa 50 Jahren an den Fischereiverein Pilsensee-Wörthsee verpachtet, der sich auch um die Seepflege kümmert. Mehr als 2.300 Hektar Wald sind ebenfalls im Besitz der Grafen-Familie.

Der Erhalt dieser enormen Schlossanlage verschlingt immense Geldsummen! Daher werden Teile des Gebäudes vermietet. Entstanden ist eine gelungene Mischung aus Kunst, Essen und Lifestyle: beispielsweise die hochkarätigen Veranstaltungen im Sudhaus, organisiert vom Seefelder Kulturverein, oder das mehrfach ausgezeichnete Kino Breitwand, das auch Spielstätte des renommierten sommerlichen Fünf Seen Filmfestivals ist. Weiterhin bereichert die Schlossanlage eine Galerie, die zeitgenössische Kunst präsentiert. Auch im malerischen, 1736 wiederaufgebauten Torbogengebäude logiert stilvoll ein Atelier, das Schmuck und Taschen offeriert.

Wer nach so viel Kunstgenuss Hunger verspürt, kehrt in der gemütlichen Gastwirtschaft Bräustüberl in der historischen Mälzerei ein. Darin wurde einst das Graf-Toerring-Bier gebraut, das mittlerweile aus dem Brauhaus in Freising kommt. Der Sudkessel in der Wirtsstube erinnert an die alten Brauzeiten. Im Sommer lädt der Biergarten vor mittelalterlicher Kulisse zu einem entspannten Besuch mit leckerem Essen ein.

Im alten Marstall bietet das Geschäft *Kokon* hochwertige Produkte wie Textilien, ausgefallene Dekorationen oder Möbel für ein gemütliches Zuhause an.

78

Gasthof Ruf
Marienplatz 2a
82229 Seefeld-Oberalting
08152 76363
www.gasthaus-ruf.de

GEMÜTLICH, BAYERISCH, GUT

Gasthaus Ruf in Oberalting

Der stattliche Gasthof Ruf, eine der ältesten Wirtschaften im Fünfseenland, gibt es seit 1866. Das traditionelle Wirtshaus bietet seinen Gästen beste bayerische Wirtshauskultur mit bestem bayerischem Essen. In der schön restaurierten urigen Gaststube dominiert – wie es sich in Bayern gehört – Holz: Decke, Stühle, Tische und Wandverkleidung. Zwei kleinere Stüberl stehen ebenfalls zur Verfügung und werden gerne für Familienfeiern genützt.

Auf allen Tischen sind Salz- und Pfefferstreuer platziert. Normalerweise ein schlechtes Omen für die Kochkunst des Küchenmeisters, jedoch im *Ruf* wird man sie nicht benötigen. Eine der Besonderheiten des Gasthauses besteht darin, dass in der familieneigenen Metzgerei noch selber geschlachtet wird. Das Fleisch stammt von den Tieren ausgewählter Bauern der nahen Umgebung. Das stellt ausgezeichnete Qualität sicher – der Gast schätzt und schmeckt es.

Absolute Renner auf der bayerischen Speisekarte sind Schweinebraten und Spanferkel. Die Portionen sind riesengroß, und das zu günstigen Preisen. Wie diese Kalkulation aufgeht, bleibt Geheimnis der Wirtsfamilie – den Gast freut's jedenfalls! Übrigens: Vegetarier kommen auch auf ihre Kosten, mit den leckeren Kässpatzen mit Röstzwiebeln oder den gefüllten Maultaschen (alles selbstverständlich handgemacht).

Die täglich wechselnde Empfehlung ist meist ein Gericht aus der Bayerischen Küche. Natürlich gehört zu einem weiß-blauen Essen auch ein Bier. Wer aber gerne Wein trinkt, wird über die bestens sortierte Weinkarte erstaunt sein. Die Weine werden im hauseigenen Weinkeller gelagert, in dem auch Weinproben stattfinden. Im Winter bietet der Biergarten Platz für eine nachgebaute Almhütte, in der man gerne zusammenrückt und gemeinsam gutes Essen genießt.

In Unering, einem weiteren Ortsteil von Seefeld, steht auf einem Moränenhügel die barocke Dorfkirche St. Martin (1731) mit wunderschönen Stuckarbeiten des berühmten Johann Baptist Zimmermann.

79

St. Peter und Paul Kirche
Marienplatz
82229 Seefeld-Oberalting
www.pg-seefeld-woerthsee.de

Seehaus Pilsensee
Am Pilsensee 4
82229 Seefeld
08152 989876
www.seehaus-pilsensee.de

BEEINDRUCKEND SCHÖNER DORFMITTELPUNKT

St. Peter und Paul Kirche in Oberalting

Ein fünfgeschossiger Glockenturm mit einer Zwiebelhaube erhebt sich markant aus der Silhouette von Oberalting. Er gehört zur St. Peter und Paul Kirche und bildet den Mittelpunkt des kleinen Ortes, einem Ortsteil der Gemeinde Seefeld. Ursprünglich im gotischen Stil errichtet wurde die Kirche zum Barock-Gebäude umgebaut. Einst begrub man hier die Grafen von Toerring-Seefeld, ein altes hochadeliges oberbayerisches Adelshaus, erstmals 1120/1130 urkundlich erwähnt. Dessen Wappen finden sich am Weihwasserbecken.

Die Geschichte des Adelshauses beginnt im Jahr 810 mit dem Bau einer Holzkirche. 1287 brannte ihr Nachfolger, ein romanischer Bau, bis auf die Grundmauern nieder. Von der im 15. Jahrhundert erbauten Kirche ist noch der Chor erhalten.

Ab 1630 erfolgte – wie bei vielen Kirchen in Bayern – die Barockisierung. Der berühmte Baumeister Caspar Feichtmayr aus der weit verzweigten Künstlerdynastie Feichtmayr, Mitbegründer der Wessobrunner Schule, übernahm den Auftrag.

Die äußere Schlichtheit des einschiffigen Gotteshauses setzt sich im Innenraum fort. Lediglich die Kanzel aus dem Jahr 1723 unter dem gotischen Kreuzrippengewölbe und der Hochaltar von 1672 fallen mit üppigen Verzierungen aus dem schlichten Rahmen. Zu sehen sind die Büsten der Apostel Paulus und Petrus, denen das Gotteshaus geweiht ist. Kleine Engelchen zeigen einen Anker, ein Herz und ein Kreuz, die Symbole christlicher Tugenden. Auch hier trifft man wieder auf das Wappen eines von Toerring, nämlich Max Cajetan.

Der heilige Ulrich und die heilige Afra in Form kleiner Figuren am Tabernakel verweisen auf das Bistum Augsburg, dem die Oberaltinger Kirche angehört. Unter dem Turm wurden die Grabdenkmäler der Familie von Toerring errichtet. Die Kirchenglocken stammen aus dem 15. bis 19. Jahrhundert.

Das Gasthaus *Seehaus* liegt direkt am Ufer des Pilsensees auf dem Campingplatz. Es gibt Köstlichkeiten vom Grill, Torten und Kuchen sowie kleine Gerichte für zwischendurch.

80

Keltenpavillon
Seestraße 20
82237 Wörthsee-
Steinebach

AUF DEN SPUREN EINES RÄTSELHAFTEN VOLKS

Keltenpavillon in Steinebach

Am Anfang waren die Gletscher. Genauer gesagt: die Ammergletscher der Würm- und Riß-Kaltzeit. Nachdem sie zu schmelzen begannen, entstand der Wörthsee. Die umliegende Gegend wurde langsam besiedelt, wie Funde aus Hügelgräbern beweisen. Zuerst kamen die Kelten (5.–1. Jh. v. Chr.), dann die Römer (bis ins 4. Jh. n. Chr.) und schließlich die Bajuwaren (6.–8. Jh. n. Chr.). Der 2012 direkt vor dem Rathaus in Steinebach errichtete Keltenpavillon, ein Ausstellungspavillon, zeigt Duplikate von Funden aus den Ausgrabungen in und um den Wörthsee.

Doch zurück zu den Kelten, die durch die Menschheitsgeschichte wie ein Phantom geistern. Denn von diesem Volk existieren keine schriftlichen Aufzeichnungen. Sämtliches Wissen haben wir von römischen und griechischen Quellen sowie archäologischen Funden; beispielsweise jenen, die im Jahr 1949 in Steinebach am Wörthsee gefunden wurden. Damals entdeckte man Münzen, Angelhaken, Messerklingen, Nähnadeln, Eisenfibeln und Glasperlen. In den 1960er-Jahren wurde sogar ein Eisenschwert im See gefunden.

Dies lässt insgesamt darauf schließen, dass die Gegend um Steinebach zu Beginn des 5. Jahrhunderts v. Chr. bis zur ersten Hälfte des 1. Jahrhunderts v. Chr. von den Kelten besiedelt war. Eine Volksgruppe von etwa 300 bis etwa 1.500 Personen lebte in einer handwerklich geprägten Großsiedlung auf einer Fläche von rund 25 Hektar. Sie produzierten Eisen- und Bronzegegenstände sowie Glasschmuck und prägten Münzen.

Da die Archäologen ebenfalls Münzen aus Gebieten südlich der Alpen fanden, geht man davon aus, dass die Kelten in und um Steinebach zum einen wirtschaftlich sehr aktiv waren und zum anderen sehr wohlhabend gewesen sein mussten. An Letzterem hat sich bei vielen Bewohnern um den Wörthsee nicht viel geändert!

Die sehr gemütliche Traditionsgaststätte *Augustiner am Wörthsee*, traumhaft schön direkt am Seeufer gelegen, verwöhnt mit köstlichen bayerischen Spezialitäten. www.augustineramwoerthsee.de

81

Paradieswinkel
Gasthof Woerl
Wörthseestraße 25
82229 Seefeld
08152 76445
www.paradieswinkel.de

ERHOLUNG AM BEGEHRTEN SEEUFER

Paradieswinkel Gasthof Woerl

Kein Freibad, aber einen hauseigenen Badesteg bietet der Gasthof Woerl, wegen seiner traumhaft schönen Lage auch *Paradieswinkel* genannt. Wer hier im Sommer, gemütlich auf der Terrasse direkt am Wörthsee sitzend, den spektakulären Sonnenuntergang erlebt hat, möchte nie mehr weg.

Zu essen gibt es überwiegend einfache bayerische Hausmannskost in guter Auswahl und zu günstigen Preisen. Kartoffelsalat und Fleischpflanzerl (Buletten) sind natürlich hausgemacht, das butterzarte Wiener Schnitzel riesengroß, die Schwammerl in Rahmsauce sind frisch und kommen nicht aus der Dose. Der Zwetschgen-Datschi (Pflaumenkuchen) ist bis kurz vor dem Servieren noch im Backrohr. Die Bedienungen sind freundlich und zuvorkommend. Man kann ohne Übertreibung behaupten: Paradieswinkel, hier ist der Name Programm! Und wer es aus dem Paradies nicht mehr nach Hause schafft, kann in einem der gemütlichen, einfach eingerichteten Gästezimmer preisgünstig übernachten.

Der etwa 4,5 Quadratkilometer große Wörthsee liegt ungefähr 27 Meter höher als der nahe Ammersee. Eigentümer des Sees ist Graf von Toerring-Jettenbach von Schloss Seefeld. Namenspatronin des beliebten Gewässers ist die einzige in ihm befindliche Insel Wörth. (Werth bedeutet im Mittelhochdeutschen Insel.) Acht Jahre dauert es, bis sich das Wasser des Sees erneuert hat. Trotz dieses langen Zeitraumes zählt das Gewässer zu den saubersten unter den Badeseen im Freistaat.

Der größte Teil des begehrten Seeufers befindet sich leider in Privatbesitz. Umso paradiesischer ist es für Erholungsuchende, dass dennoch gleich fünf Freibäder zu erfrischendem Badespaß einladen: Am Birkenweg, Vordere Seestraße, Rossschwemme an der Vorderen Seestraße, Augustiner am Wörthsee und das mehr als 100 Jahre bestehende Strandbad Raabe.

Im historischen Sudhaus von Schloss Seefeld ist der Verein *Kultur im Schloss Seefeld e.V.* eingezogen und bietet hier ganz unterschiedliche Veranstaltungen an.

82

Rundweg um den Wörthsee
Startpunkt: Rathaus
Seestraße 20
82237 Wörthsee-Steinebach
www.gemeinde-woerthsee.de

Sportschifffahrtschule Wörthsee
Seestraße 63
82237 Wörthsee-Steinebach
08153 7650
www.segelschule-woerthsee.de

AUF DEM HOLZWEG ÜBER DEM MOOR

Rundweg um den Wörthsee ab Steinebach

Der ganzjährig erleb- und begehbare Rundweg um den schönen Wörthsee führt durch die drei Gemeinden Wörthsee, Inning und Seefeld. Er ist etwa zwölf Kilometer lang, daher ist festes Schuhwerk empfehlenswert. Und im Sommer dürfen im Rucksack die Badesachen nicht fehlen, da der See fünf attraktive Bademöglichkeiten bietet.

Die herrliche Strecke, ein Projekt des engagierten Rotary Club Wörthsee, beginnt am Rathaus in Steinebach. Gewandert wird gegen den Uhrzeigersinn. Der abwechslungsreiche Weg ist bestens ausgeschildert – insgesamt 60 Hinweistafeln geben die Richtung vor – ein Verlaufen somit ausgeschlossen! Auf zehn Schautafeln erfährt der Wanderer Wissenswertes über den herrlich gelegenen See, einer der wärmsten und saubersten ganz Bayerns. Auch Erklärungen zu der sehenswerten Flora und Fauna sowie Geschichten über einige historische Häuser am Wegesrand kommen nicht zu kurz.

Für die Unterhaltung der kleinen Wanderer gibt es ein spezielles Programm: Unterschiedliche Rätsel an sechs Stationen zwischen den Badeplätzen Birkenweg und Rossschwemme müssen gelöst werden. Wer mal nicht weiterweiß, bittet eine kleine süße Maus, die Wörthseemaus, um Hilfe.

Absolutes Highlight der empfehlenswerten Wanderung ist das Bacherner Moos. Das bis zu sechs Meter tiefe Moor, eine Mischung aus unterschiedlichen Mooren und Feuchtwiesen, liegt zwischen Walchstadt und Bachern. Die Begehung des einzigartigen Naturreservats ist dank eines 120 Meter langen und 60 Zentimeter breiten Holzbohlenstegs trockenen Fußes und gefahrlos möglich. Der Steg ist absichtlich relativ schmal gebaut, damit Mountainbiker gezwungen sind, ihr Tempo zu drosseln. Ebenso wie den Rundweg um den See stemmte der Rotary Club Wörthsee auch den Bau des Steges erfolgreich.

Gegenüber vom Rathaus befindet sich die Segelschule Wörthsee. Mit Verleih von Tret-, Elektro-, Segel- und Ruderbooten sowie S.U.P.-Brettern. Vielfahrer erhalten Rabatt!

83

Landgasthof Alter Wirt
Hauptstraße 49
82229 Seefeld-Hechendorf
08152 9174756
www.alter-wirt-hechendorf.de

Gasthof Sepperlwirt
Dorfstraße 35
82229 Seefeld-Meiling
08153 3406
www.sepperlwirt.de

BELIEBTER TREFFPUNKT DER EINHEIMISCHEN

Landgasthof Alter Wirt in Hechendorf

Wie es sich für ein richtiges bayerisches Dorf gehört, war und ist die Gastwirtschaft Treffpunkt der Einheimischen. So auch in Hechendorf! Die Rede ist vom Landgasthof Alter Wirt. Seit 1812 ist er fester Bestandteil im Leben der Hechendorfer.

Umso schmerzlicher muss es für die Einheimischen gewesen sein, als der Pächter, der seit 2002 das Wirtshaus leitete, aufgab und das Gebäude monatelang leer stand. Im Winter 2017 wurde dieser bedauerliche Zustand endlich geändert. Neue Pächter eröffneten mit viel Schwung das zweite Wohnzimmer der Hechendorfer.

Der junge Wirt Alexander Leccadito aus München, gelernter Hotelmanager, lebte zehn Jahre mit seiner Familie auf den Seychellen, bevor es ihn wieder in die Heimat zurückzog. Zusammen mit seiner Frau bewohnt er die Räumlichkeiten über dem Lokal – das spart lange An- und Abfahrtswege. Den Gästen aufgetischt wird in der gemütlichen Kachelofenstube (nomen est omen: mit echtem Kachelofen!) mit reichlich Holz. Auf der umfangreichen Speisekarte stehen überwiegend bayerische Gerichte. Na, dann bleibt nur noch »An Guadn« (Guten Appetit) zu wünschen!

Gegenüber dem Landgasthof Alter Wirt liegt die Dorfkirche St. Michael. Erbaut wurde das Gotteshaus um 1270. Der gotische Turm stammt noch aus dieser Zeit. Um 1772 erhielt das Kircheninnere ein barockes Outfit, wie es damals nicht nur in Bayern so üblich war.

Hechendorf erstreckt sich etwa vier Kilometer entlang der Hauptstraße. Malerisch auf einer Anhöhe gelegen gibt es den Ausblick auf den Pilsensee gratis! 1970 bekam der Ort an der 1903 gebauten Bahnstrecke von München nach Herrsching einen eigenen S-Bahnhof. Dadurch war es für Münchner Wochenendausflügler und Touristen noch einfacher, in den Ort und an den See zu kommen.

Auch der Gasthof Sepperlwirt in der Dorfstraße in Meiling bietet ausgezeichnete bayerische Küche. Die jüngsten Besucher amüsieren sich im Kleintierzoo oder auf dem großen Spielplatz.

84

Wallfahrtskapelle Mariä Hilf
am Ende der Grünsinker Straße
82234 Weßling-Grünsink
www.pg-wessling.de

DAS LIED VOM GLÖCKLEIN

Wallfahrtskapelle Mariä Hilf in Grünsink

Die kleine Siedlung Grünsink besteht aus drei Häusern und der Wallfahrtskapelle Mariä Hilf. Sie ist ein Ortsteil der Gemeinde Weßling. Die Geschichte der verwunschen gelegenen Wallfahrtskapelle reicht bis in das Jahr 1740 zurück. Einst verirrte sich ein Jäger nachts in den Wäldern der Umgebung. Da er befürchtete, von Wölfen angefallen zu werden, betete er in seiner Not zu Maria: Sie möge ihm helfen und ihn zu der ihm bekannten grünen Senke (Grünsink) führen. Maria erhörte den Jäger und geleitete ihn zu einem Bauernhof im nahen Schluifeld. In diesem Haus entdeckte der Jäger ein Marienbild, das der Bauer ihm schenkte. Dieses Heiligenbild stellte der Jäger in einen hohlen Birnbaum, der bald darauf das Ziel vieler Hilfesuchenden wurde.

Als der Pilgerstrom zunahm, baute man 1763 eine Kapelle. Am 10. August wurde das Marienbild in einer feierlichen Prozession vom Birnbaum in das kleine Gotteshaus überführt. Das Grünsinker Gnadenbild im Hochaltar ist allerdings nur eine Kopie. Das Original von Lucas Cranach dem Älteren, gemalt von 1517 bis 1525, schmückt den Hochaltar des Innsbrucker Domes. Von den bis zu 500 Votivtafeln in der Kapelle, die noch im Jahr 1898 Erwähnung finden und die von Wunderheilungen berichten, sind leider nur noch wenige erhalten geblieben.

Zweimal jährlich werden in Erinnerung an die Rettung des Jägers die Grünsinker Feste zelebriert. Das erste findet am letzten Sonntag im Juli, das zweite am Sonntag nach Mariä Himmelfahrt statt. Zu den Festlichkeiten mit Gottesdiensten unter freiem Himmel, Weßlinger Blasmusik und Weßlinger Chöre sowie anschließendem bunten Markttreiben kommen zahlreiche Gläubige, überwiegend aus Weßling und Umgebung. Das Singen des Liedes *Das Glöcklein von Grünsink* aus dem Jahr 1894 darf bei keiner Wallfahrt fehlen!

Die 2,16 Meter große vergoldete Marienstatue auf dem Marienplatz in Drößling ist besonders, da sie ohne Jesuskind dargestellt ist und nicht – wie üblich – nach Osten, sondern nach Westen schaut.

85

Pfarrstadl
Am Kreuzberg 3
82234 Weßling
08153 3415
www.unserdorf-wessling.de
www.pg-wessling.de

Seehof Weßling
Seeweg 4
82234 Weßling
08153 9350
www.seehof-wessling.de

VORHANG AUF FÜR KUNST UND KULTUR

Pfarrstadl

Kaum zu glauben, dass ein kleiner Ort wie Weßling am gleichnamigen See ein so abwechslungsreiches Kulturprogramm zu bieten hat. Begonnen hatte alles mit dem 1865 erbauten Pfarrstadl, einem zweigeschossigen Einfirsthof. Die Hofanlage, zu der das Gebäude zählt, wurde um 1700 urkundlich erwähnt.

In den 1970er-Jahren begann das Tauziehen um das historische Stadl. Nachdem die Eigentümer, die Diözese Augsburg, einen Abbruchantrag gestellt hatte, gelang es den zuständigen Behörden, das Bauwerk mit der begehrten Auszeichnung *Unter Denkmalschutz* zu versehen. Damit waren die Abbruchpläne vom Tisch.

Der 1990 gegründete Verein Unser Dorf e.V. diskutierte und plante mit der Diözese und der Gemeinde zwecks der weiteren Nutzung des Pfarrstadls. Man entschied, ein historisch wertvolles, kulturelles Zentrum für die Weßlinger zu schaffen, welches das Ortsleben positiv bereichern sollte. Am 17. März 2002 wurde mit dem ersten Konzert nach kompletter Sanierung und dem Umbau der Startschuss für ein abwechslungsreiches Kulturprogramm gegeben. Die bunte, qualitativ hochwertige Mischung aus klassischen Konzerten, Jazzmusik, Kabarett mit Entertainment und Vorträgen zu unterschiedlichen Themen kommt bestens an. Das ist zu einem guten Teil den unermüdlich arbeitenden ehrenamtlichen Helfern des Vereins zu verdanken, die mit großer Begeisterung zum Erfolg beitragen.

2004 wurde die Arbeit des Vereins mit dem Kulturpreis des Landkreises belohnt. Kinofilme erweiterten ab Juli 2011 das Kulturprogramm. An einem (möglichst) festen Tag im Monat heißt es im Kinosaal, der etwa 80 Plätze umfasst: Rolle ab! Das Kino Pfarrstadl ist auch Spielstätte des mehrfach ausgezeichneten *Internationalen Fünf Seen Filmfestivals*, das jedes Jahr im September an unterschiedlichen Orten in der Region stattfindet.

Das Restaurant *Seehof* in Weßling bietet – neben einem traumhaft schönen Seeblick – beste gehobene Küche an.

86

Gemeindegalerie
Hauptstraße 57
82234 Weßling
08153 4040
www.gemeinde-wessling.de

BELIEBTER TREFFPUNKT VIELER KÜNSTLER

Gemeindegalerie

Weßling nennt sich Künstlerort, da es zahlreiche Maler in das Städtchen an dem gleichnamigen See zog, der im Sommer wegen seines warmen Wassers sehr beliebt ist. Um dem Künstlerischen einen würdevollen Raum zu geben, beschlossen Bürgermeister und Gemeinde im März 2016 den Umbau des ursprünglichen Rathauses in eine Gemeindegalerie. Den Auftrag hierzu erhielt ein Weßlinger Architekturbüro. Das Gebäude erhielt eine neue Elektrik, neue Bodenbeläge und eine neue Heizanlage.

Auch der Garten hinter dem Haus mit Seeblick wurde verschönert. Am 16.10.2016 fand die feierliche Eröffnung der Gemeindegalerie statt. Erich Rüba, liebevoll *Vater des Museums* genannt, und seine Frau Brigitte trugen mit einer Schenkung von über 200 Kunstobjekten zur attraktiven Sammlung bei. Nun präsentiert die Galerie rund zwei Jahrhunderte Weßlinger Künstlerlandschaft und wechselnde Sonderausstellungen.

1887 gefiel es dem Maler Heinrich Wilhelm Trübner (1851–1917), der dem Kreis um den Maler Wilhelm Leibl angehörte, in Weßling zu malen. Auch der rastlos lebende Wiener Maler Carl Eduard Schuch (1846–1903) kam kurz vorbei. Ebenso wie der Maler Leo Putz (1869–1940), Mitbegründer der *Scholle*. Berühmtester Künstler war der Impressionist Pierre-Auguste Renoir (1841–1919), der im Sommer 1910 einen Monat in der Wohnung im Gebäude in der Hauptstraße 57 verbrachte.

Das ehemalige Rathaus, in dem die Gemeindegalerie untergebracht ist, wurde 1871/72 als Schule mit einem Klassenzimmer und Lehrerwohnung erbaut. Als die Schule 1911 zu klein wurde und ein neues Schulgebäude in der Schulstraße entstand, nutzte man das Haus vielfältig: Polizeistation, Tierarzt-Wohnung, Gemeindeverwaltung und Ortsvermittlungsstelle der Deutschen Bundespost. Fast vier Jahrzehnte logierte in den Räumlichkeiten eine Galerie.

Seit 1995 findet jeden Mittwoch an der Hauptstraße/Ecke Bahnhofstraße der beliebte Wochenmarkt statt. Das Angebot reicht von regionalen Produkten bis hin zu südländischen Spezialitäten.

87

Aenishänslin
Café am See
Hauptstraße 59
82234 Weßling
08153 1663
www.cafe-aenishaenslin.de

Antiquariat Appel
Hauptstraße 60
82234 Weßling am See
08153 1372
www.antiquariat-appel.de

KALORIENZÄHLEN UNERWÜNSCHT

Aenishänslin – Café am See

Einzigartig, entschleunigend und lecker! Treffender lässt sich das wundervolle Aenishänslin, Café am See, in exponierter Uferlage nicht beschreiben. Im Sommer sitzt man unter weiß-blauen Sonnenschirmen und kann – mit Blick auf den See – bestens entspannen und genießen.

Der Chef des Hauses, Tobias Aenishänslin, stellt die köstlichen Kuchen und Torten selbst her und verziert sie liebevoll – jeden Tag aufs Neue mit großer Begeisterung – das schmeckt man. Das traditionelle Lokal ist seit 1932 in Familienbesitz.

Die Geschichte des Gebäudes begann im Jahr 1914, als erste Ideen für ein Haus am Ufer des Weßlinger Sees aufkamen. Nach dem Ersten Weltkrieg bekam der Uropa des heutigen Chefs die begehrte Konzession für einen Wein- und Weinbrandausschank. Nach dem Zweiten Weltkrieg sorgte der Opa von Tobias mit seiner Bäckerei dafür, dass die Weßlinger nicht verhungerten. Das Geschäft florierte und wurde mit einer neu eröffneten Filiale im nahen Gilching erweitert. Seit 2013 führt nun der gelernte Konditormeister Tobias beide Cafés.

Der Juniorchef änderte das Konzept der Eltern, so dass aus dem Café ein Ort entstand, an dem man sich den ganzen Tag aufhalten kann. Der Morgen beginnt mit einem der leckeren Frühstücksangebote. Wer möchte, kann sich die schmackhafte Stärkung selber zusammenstellen. Mittags gibt es eine kleine Mahlzeit in Form von diversen Suppen, einem Strammen Max (Spiegeleier mit Schinken) oder Burger-Varianten. Zur Kaffeezeit wird's süß und kalorienreich. Köstliche Torten und Kuchen – die Auswahl fällt nicht leicht! Die Kleinen bekommen noch ein Eis – wie (fast) alles hier im Haus handgemacht. Wer noch Lust hat, wandert anschließend um den See (circa eine Stunde). Alle anderen bleiben einfach sitzen und genießen den herrlichen Sonnenuntergang!

Der Schwerpunkt der im Antiquariat Appel angebotenen Bücher in der Hauptstraße (gegenüber der Gemeindegalerie) liegt in den Schönen Künsten: Literatur, Musik und Bildende Kunst.

88

Il Plonner –
Der Dorf-Gasthof
Gautinger Straße 52
82234 Weßling-
Oberpfaffenhofen
08153 916127
www.ilplonner.de

Piet’z Restaurant
Hauptstraße 52
82234 Weßling
08153 8992116
www.pietz-restaurant.com

BAYERISCH GEKOCHT, ITALIENISCH GEWÜRZT

Il Plonner – Der Dorf-Gasthof in Oberpfaffenhofen

Der Ort Oberpfaffenhofen ist für seinen 1936 erbauten Flugplatz und etliche Forschungseinrichtungen bekannt. Ausflügler lassen den Ort links liegen, es sei denn! Ja, es sei denn, sie möchten richtig lecker in einem Bio-Restaurant speisen. Genau diese Gourmets zieht es in den italienisch-bayerischen Dorf-Gasthof Il Plonner. Hier herrscht seit Mai 2011 das öko-sozial engagierte Powerpaar Carola und Domenico Petrone. Die gewagte Fusion aus frischer, hausgemachter italienischer Bio-Küche mit einer großen Portion bayerischer Gemütlichkeit kommt bei den Gästen sehr gut an. Viele davon sind Stammgäste. Gekocht wird täglich frisch in Bio-Qualität und mit möglichst vielen Zutaten aus der Region. Die Speisekarte richtet sich nach den Jahreszeiten. Die Verwendung von Fair-Trade-Produkten ist selbstverständlich. Nachhaltiges Wirtschaften wird durch die Verwendung von Ökostrom praktiziert.

Wer Lust hat, kann dank einer offenen Küche zuschauen, wie sein bestelltes Gericht zubereitet wird. Das Rezept für das traumhaft leckere Graupenrisotto stammt übrigens noch von Domenicos Nonno und wird streng geheim gehalten. Auf der gut sortierten Weinkarte finden sich ausschließlich Bio-Weine. Für die jüngsten Besucher gibt es extra eine Kinder-Speisekarte.

Einmal im Monat wird in der gemütlichen Gaststube eine Bühne aufgebaut, die dann unterschiedlichen Künstlern gehört. Ebenfalls einmal monatlich trifft sich der beliebte Musikanten- und Stubnmusi-Stammtisch – neue Musiker sind herzlich willkommen! Zum Gasthof gehört ein Hotel, ebenfalls Bio-zertifiziert und damit erstes Bio-Hotel im Landkreis Starnberg. Die Zimmer mit gewachsten Holzfußböden wurden ausschließlich mit Naturmaterialien ausgestattet. Die Bilder an den Wänden stammen von Weßlinger Künstlern.

Das modern eingerichtete italienische Restaurant *Piet'z* verwöhnt unter anderem mit köstlichen Pizzen und hausgemachten Nudelgerichten. Für die Jüngsten gibt es spezielle Kindergerichte.

Lieblingsplätze Ostfriesische Inseln
ISBN 978-3-8392-2622-3
Lieblingsplätze Kassel und Nordhessen
ISBN 978-3-8392-2619-3
Lieblingsplätze In und um Passau
ISBN 978-3-8392-2618-6
Lieblingsplätze Donau Passau – Wien
ISBN 978-3-8392-2615-5
Lieblingsplätze Spreewald
ISBN 978-3-8392-2629-2
Lieblingsplätze Westerwald
ISBN 978-3-8392-2734-3
Lieblingsplätze Sauerland
ISBN 978-3-8392-2627-8
Lieblingsplätze Frankfurt am Main
ISBN 978-3-8392-2617-9
Lieblingsplätze zwischen Nord- und Ostsee
ISBN 978-3-8392-2635-3
Lieblingsplätze von Koblenz zu Rhein und Mosel
ISBN 978-3-8392-2633-9
Lieblingsplätze Berlin nachhaltig
ISBN 978-3-8392-2512-4
Lieblingsplätze Romantischer Rhein
ISBN 978-3-8392-2405-2
Lieblingsplätze Chiemgau
ISBN 978-3-8392-2614-8
Lieblingsplätze von St. Peter-Ording bis zum Elbstrand
ISBN 978-3-8392-2839-5
Lieblingsplätze rund um Dresden
ISBN 978-3-8392-2624-7
Lieblingsplätze Regensburg und Oberpfalz
ISBN 978-3-8392-2623-0
Lieblingsplätze Rheinhessen kulinarisch
ISBN 978-3-8392-2611-7
Lieblingsplätze Weinviertel
ISBN 978-3-8392-2545-5
Lieblingsplätze Lahntal
ISBN 978-3-8392-2620-9
Lieblingsplätze Wesermarsch
ISBN 978-3-8392-2634-6
Lieblingsplätze entlang der Sieg
ISBN 978-3-8392-2930-9
Lieblingsplätze Erzgebirge
ISBN 978-3-8392-2927-9
Lieblingsplätze in und um Garmisch-Partenkirchen
ISBN 978-3-8392-2926-2
Lieblingsplätze Rhön
ISBN 978-3-8392-2924-8
Lieblingsplätze Fehmarn
ISBN 978-3-8392-0043-8

Heike Hoffmann / Stefan Boes
Lieblingsplätze Tölzer Land – Tegernsee – Schliersee
192 Seiten, 14 x 21 cm
Klappenbroschur
ISBN 978-3-8392-2630-8
€ 18,00 [D] / € 18,50 [A]

Der Alpenbogen zwischen Tölzer Land, Tegernsee und Schliersee gleicht einem Paradiesgarten, reich an lohnenden Ausflugszielen für Groß und Klein. Berge und Seen, Moore und Flüsse bilden ein grandioses Naturschauspiel. Klöster, Kirchen und Museen – teils von Weltrang – erzählen von glanzvoller Kultur. Entdecken Sie ein facettenreiches Traditionshandwerk, vom Hutmacher bis zur Naturkäserei, oder schauen Sie zu, wie eine Hirschlederhose entsteht. Verwunschene Biergärten und vorzügliche Gasthäuser machen außerdem jeden Aus- zum kulinarischen Höhenflug.

GMEINER